오늘의 브랜드 내일의 브랜딩

브랜드 커뮤니티 Be my B가 제안하는 새로운 시대의 브랜딩

우승우·차상우 엮음

브랜딩의 고수들이 모이다

다들 브랜드를 말하는 시대다. '콘셉트'란 말이 누구나 말하는 일상어가 되더니 브랜드도 어느새 그리되었다. 그런데 나는 좀 의심스럽다. 브랜드를 말하는 이들이 제대로 아는 것인지… 사실 나는 좀 까다로운 사람이라 내 말엔 거의 '제대로'가 따라붙는다.

　브랜드, 브랜딩을 제대로 이해한다는 것은 어떤 걸까? 언제나 그렇듯 다들 알고 있는 것의 정의를 내리는 일은 어렵다. 그러므로 사람들이 브랜드에 대해 잘못 알고 있는 것을 말해보려 한다. 일종의 우회 전략이랄까….

　사람들은 브랜드를 실제보다 나은 평판을 얻는 것으로 생각하는 경향이 있다. 그러나 브랜딩이란 그런 게 아니다. 이 책의 엮은이 우승우, 차상우에 따르면 브랜딩이란 비즈니스의 거의 모든 것이라고 해도 과언이 아니다. 특히 시작하는 단계에서는 말이다. 그렇기 때문에 어떻게 하면 더 좋은 평판을 얻는가 이전에 '무엇으로, 어떻게 해야 더 좋은 실제를 만들 것인가'를 출발점으로 해야 한다는 뜻이다. 더 가치 있는 상품과 서비스를 기획해서 만들고 제공하는 것. 이 과정에서 차별화도 나오고 콘셉트도 나오는 것이다.

우승우, 차상우 대표와의 인연은 오래 않으나 이분들의 행보에는 쭉 관심을 가져왔다. 이들이 하는 '더.워터멜론' 비즈니스는 물론 'Be my B'라는 브랜드 커뮤니티를 더할 나위 없이 알차고 뚝심 있게 일궈 나가는 모습도 매번 경탄하면서 응원하고 있다.

브랜딩의 여러 성격 중 특히 '린 브랜드'에 초점을 맞춰 저마다 개성 있는 스토리를 일궈낸 현재 진행형의 실제 케이스를 담은 이 책에서 여러분들은 브랜딩의 정수를 만날 수 있으리라. 케이스 중엔 추천자의 책방도 들어 있어 살짝 주저하게 되지만 다른 브랜드들은 모두 틀림없이 대단한 성과를 낸 브랜드들이다.

우리는 '배달의 민족'이기도 하지만 '바람의 민족'이기도 해서 뭔가 뜬다 하면 다들 관심을 보인다. 그래서 뜨거운 주제의 책일수록 잘 골라야 낭패가 없다. 이 책을 추천하는 이유다. 오래도록 브랜딩 일을 해 왔고 실제로 자신들의 브랜드를 세워나가고 있는 분들의 책이므로 자신 있게 추천한다.

최인아 최인아책방 대표, 전 제일기획 부사장

내가 만난 브랜드 커뮤니티,
Be my B

"브랜드란 '자기다움'에 대한 것이에요. 자기다움을 발견하고 차별화할 때 그 브랜드가 빛이 나죠."

제가 처음 더.워터멜론의 우승우, 차상우 대표를 만나 인터뷰했던 날 들었던 말입니다. 저는 '브랜드'가 도대체 무엇이냐고 물었었고, 그에 대한 우 대표의 대답이었죠. 저는 또 물었습니다.

"Be my B(이하 비마이비)가 말하는 브랜드적 삶이란 무엇인가요?"

그러자 차 대표는 이렇게 말했습니다.

"밖으로 보이는 삶과 실제 삶이 일치하는 게 브랜드적인 삶이라고 생각해요."

비마이비의 겨울봄 시즌과 가을겨울 시즌을 기록하고 이 책이 출판되기까지의 과정을 지켜보며, 저는 우승우, 차상우 대표의 그 말을 오히려 비마이비에게 다시 들려주고 싶어졌습니다. 비마이비가 바로 그들이 정의했던 그런 브랜드이자, 바로 그 브랜드적 삶을 갖기 위해 분투하는 역동적인 실체이기 때문입니다. 책에 선부가 실리진 않았지만, 이 책이 나오기까지 폴인은 비마이비의 2개 시즌을 가장 가까이서 기록했습니다. 비마이비라는 커뮤니티의 멤버들만을 대상으로 열린 모임에서 한 번 공개되고 흩어질 뻔한 귀중한 이야기를 텍스트에 붙잡아 더 많은 이들과 나눴습니다.

첫 번째로 협업한 겨울봄 시즌은 주 1회 열린 비마이비의 세션을 폴인 또한 주 1회 따끈한 소식으로 업데이트해 전한다는 의미에서 〈브랜드 위클리〉라는 스토리북으로 올렸습니다. 당시는 취향과 가치관을 중심으로 소비층이 촘촘하게 나누어지면서, 브랜드 또한 그것을 표적화하기 위해 발

빠르게 움직이기 시작한 때였습니다. 그만큼 비마이비가 초대하는 브랜드는 기존의 오래되고 묵직한, 이미 잘 알려진 브랜드가 아니라 소비 트렌드의 변화를 고스란히 담고 있는 트렌디한 브랜드였습니다.

두 번째로 협업한 가을겨울 시즌은 비마이비의 큐레이션 안목을 좀 더 드러내고 싶어 〈오늘의 브랜드 내일의 브랜딩〉이라는 스토리북으로 올렸습니다. 가을겨울 시즌이 시작되기 전 비마이비가 공유해준 브랜드의 리스트를 보니, 각 브랜드가 속한 영역이 식음료부터 모바일 서비스까지 다양했습니다. 그런데 가만히 보니, 이들에게는 공통점이 있었습니다.

우선 지금 이 시대에 사랑받는 브랜드라는 점은 말할 것도 없었습니다. 더욱 중요한 건, 이들은 이전처럼 대규모의 캠페인으로 대규모의 대중을 사로잡으려 하지 않는다는 점이었습니다. 대신 작은 규모더라도 그 브랜드에 열광할 '팬'을 만들어내기 위해 작지만 강한, 빠르지만 꾸준히 사랑받을 다양한 브랜딩 경험을 만들어내고 있었죠. 새로운 브랜딩 방식이 탄생하고 있음을 포착한 것입니다. 이렇게 쌓인 보물 같은 이야기를 한 발 떨어져서 지켜보니, 비마이비가 더 잘 보이기 시작했습니다. 막상 하나하나의 브랜드를 작업할 땐 그 브랜드의 흥미진진한 이야기에 푹 빠져 놓쳤던 것들이었죠.

비마이비는 변화하는 시장과 트렌드 속에서 '자기다움'을 증명하기 위해 고심하는, 그러기 위해 변해야만 하는, 그러다 보니 놀라운 혁신을 만들어낸 브랜드를 한자리에 모았습니다. 브랜드에 관심 있는 이들이라면 한 번쯤 눈길이 갔을 것입니다.

하지만 여기서 그치지 않았습니다. 그들은 브랜드 '커뮤니티'라는 내적 정체성을 끈질기게 추구했습니다. 브랜드 큐레이션이 단순한 강연에 그치지 않도록 멤버 간 대화와 토론을 더욱 강화했죠. 멤버가 함께 커뮤니티를 꾸릴 수 있는 브랜드 바자회, 트립, 브랜드 데이 등 다양한 경험으로 커뮤니티의 힘을 증명했습니다. 그러는 사이 비마이비는 지금 꼭 알아야 할 중요한 브랜드의 브랜딩 스토리가 모이고, 브랜드에 관심 있는 이들이 모이는 커뮤니티라는 자리를 공고히 했습니다. 나아가, 밖으로 보이는 그 정체성과 커뮤니티 생태계가 일치하는 '브랜드적 삶'을 구현해냈죠.

폴인은 비마이비에서 벌어진 다양한 경험 중 비마이비가 초대한 브랜드의 이야기만을 기록했습니다. 우승우 대표는 저와 이야기를 할 때마다 그것이 단순한 일방적 '강연'이 아니며 멤버와 멤버가 어울릴 수 있는 기회의 장의 일부임을 강조했습니다. 이제야 우 대표의 말씀이 마음에 와닿습니다. 폴인은 비마이비의 일부만을 함께했습니다. 비마이비라는 이 브랜드의 놀라운 성장의 면면을 전부 다 기록하지 못해 아쉽습니다. 하지만 그 일부를 가장 가까이서 기록할 기회를 누렸다는 점만으로도 정말 감사한 마음입니다. 보배 같은 브랜드 커뮤니티, 아니 커뮤니티 브랜드의 탄생을 진심으로 응원하고 축하드립니다.

끝으로, 현장에 매번 직접 방문해 이 멋진 이야기를 정제된 기록으로 남겨준 구슬, 공다솜 두 객원 에디터에게 마음을 다해 감사드립니다. 우리는 아무래도, 혼자는 약하지만 함께여서 강한 존재가 되는 것 같습니다.

노희선 폴인 에디터

차례

공간의 힘, 공간 브랜드

오래된 것의 매력, 장수 브랜드

요즘 것들의 브랜드, Z세대 브랜드

새로운 브랜딩의 탄생

요즘 브랜드에 어울리는 브랜딩이란?

브랜딩 패러다임이 바뀌고 있다. 이전과는 전혀 다른 방식의 브랜딩이 나타나고 있는 것이다. 요즘 브랜드들은 예산이 많이 드는 마케팅 캠페인을 진행하지 않는다. 고객의 규모가 대단히 큰 것도 아니다. 하지만 한 번 알게 된 고객은 이들을 다시 찾는다. 이들을 응원하고, 입소문을 내고, 스스로 그 서비스의 이용자임을 자랑한다. 잘 짜인 대규모 계획을 세우고, 오랜 준비 기간을 거쳐 화려하게 '그랜드 오픈' 이벤트를 행하던 이전과는 확실히 다르게 접근한다.

지난 2년 반 동안 7개 시즌에 걸쳐 사람들이 입고 먹고 마시는 것에 대한 인사이트를 탐구해온 브랜드 씽킹 플랫폼(Brand Thinking Platform) Be my B는 새롭게 등장한 브랜딩 방식에 관심을 갖기 시작했다. 우리는 이 새로운 브랜딩 방식을 정의하고 싶었다. 요즘 브랜드에 어울리는 브랜딩 방법

론은 무엇인지, 디지털 대전환 시대에는 어떻게 브랜딩을 해야 하는지, 모든 것이 불확실한 상황에서 참고할 만한 브랜딩 노하우를 어디에서 얻어야 하는지 등 요즘 사람들이 궁금해하는 브랜딩 방식에 대한 해답을 주고 싶었다. 그때 우리는 '린 브랜드(Lean Brand)'라는 개념을 만났다.

브랜딩 기법도 바뀌고 있다

린 브랜드는 불필요한 것은 제거하고 꼭 필요한 것만으로, 작고 빠른 실행을 통해 고객과의 관계를 만들어가는 것을 의미한다. 제러마이어 가드너(Jeremiah Gardner)가 그의 책 《린 브랜드》를 통해 제시한 개념이다.

처음 린 브랜드라는 개념을 접했을 때는 의아한 부분이 있었다. '린'은 '최소 자원으로 최대 효과를 내고자 하는 시스템'이라는 의미가 담긴 개념이며 이미 스타트업계를 비롯해 다양한 분야에서 익숙하게 사용하고 있었다. 반면 브랜딩은 '린' 방식과는 달리 오랜 시간 꾸준히 갈고 닦으며 쌓이는 것이라는 생각이 일반적이었다. 그 과정에서 일관성이 매우 중요하기 때문에 빠르게, 시장 반응을 살피고 피드백을 받는다는 것이 브랜딩에도 적용 가능할지 미지수였다. 하지만 최근 주목받고 있는 회사들의 브랜딩 방식을 살펴보면서 린 브랜드라는 개념이 유효하다는 확신이 들었다. 요즘 브랜드가 브랜딩하는 방식을 잘 설명해줄 수 있는 개념이었다.

오늘의 브랜드 내일의 브랜딩

린 브랜딩은 스타트업이나 개인 기업에만 적용할 수 있는 것은 아니다. 새로운 브랜드를 시장에 소개해야 하는 회사뿐 아니라 이미 구축된 브랜드를 지속해서 알려야 하는 회사라면 규모나 업종과 상관없이 적용할 수 있다. 요즘처럼 빠르게 변화하는 디지털 환경에 적용할 수 있는 새로운 시대의 브랜딩 방법이라고 할 수 있다.

브랜드 관련해 의미 있는 어젠다를 지속적으로 제시하는 Be my B 또한 린 브랜드 프로세스를 통해 성장했다. 브랜드를 좋아하는 두 사람이 B라는 키워드를 통해 브랜드에 대한 이야기를 해보자고 시작했던 작은 모임이, 2019년 10월 초에는 4500명에 가까운 멤버가 모여 모두가 주목하는 브랜드 인사이트를 만들고, 요즘 브랜드와 브랜딩 트렌드를 이끄는 국내 최대 브랜드 커뮤니티가 됐다. 린 브랜드의 가장 전형적인 예시라고 할 수 있다.

지난 2년 동안 Be my B와 함께했던 브랜드 중에서 새로운 시대의 브랜딩을 대표할 수 있는 10개의 브랜드를 선정했다. 이들 브랜드를 퍼스널 브랜드, 공간 브랜드, 장수 브랜드, Z세대 브랜드 등의 키워드로 묶어 오늘의 브랜드를 대표하고 내일의 브랜딩을 예상할 수 있는 브랜드들로 소개한다. 사실 모든 브랜드에 공통으로 접목할 수 있는 노하우는 존재하지 않는지도 모른다. 하지만 기존의 브랜딩 프로세스가 더 이상 작동하지 않는 시대에 좋은 지침이 될 인사이트를 제공한다는 측면에서는 제법 유용할 것이다.

토요일 이른 아침. 브랜드를 좋아하는 사람들이 모여 느슨하고 편안하게 시작한 Be my B. 짧은 기간에 이렇게 빠르게 성장할 수 있었던 것은 그 모든 과정을 함께 해 온 수많은 멤버들과 브랜드들 그리고 더.워터멜론 구성원들 덕분이다. 모두가 Be my B를 통해서 차별화된 자기다움을 발견하고 브랜드적인 삶을 살아가길 바란다.

우승우·차상우
더.워터멜론 & Be my B 공동 대표

Be my B;

브랜드를 기반으로 다양한 B를 좋아하는 사람들이 모여 시작한 오프라인 중심의 커뮤니티. 2017년 3월 우승우, 차상우가 시작하여 4500여 명(2019년 10월 기준)의 멤버를 보유한 국내 최대의 브랜드 커뮤니티이다. '책(Book)' '맥주(Beer)' '야구(Baseball)' 등은 물론 'BTS(콘텐츠)' 'Busan(도시)' 심지어 '빈대떡' 등 일상의 키워드들을 새로운 기획과 시선으로 해석하고 제안한다. 비슷한 관심사와 취향의 사람들이 모여 느슨하고 편안한 분위기에서 각자의 이야기를 나눌 수 있는 커뮤니티. 현재는 4개월 단위의 멤버십으로 구성되는 정규 시즌과 누구나 참여 가능한 오픈 세션 등으로 구성되어 있으며 이 외에 브랜드 트립, 브랜드 콘퍼런스, 브랜드 바자회, 브랜드 프로젝트 등 다양한 활동을 함께하고 있다. 앞으로 자체 공간은 물론 온라인 서비스를 통해 보다 많은 사람들이 '브랜드적인 삶'을 경험하고 스스로 브랜드가 되어가는 데 도움이 되고자 준비하고 있다.

01

인플루언서의 시대,
퍼스널 브랜드

최인아책방

생각의 숲을 이루다

최인아 · 최인아책방 대표
제일기획에서 사회생활을 시작했고 마쳤다. 카피라이터와 크리에이티브 디렉터로
29년 동안 일하며 많은 광고 캠페인을 만들었다. 삼성그룹 최초의 여성 부사장이었
다. 퇴직 후엔 더 이상 일하지 않을 생각이었으나 다시 일을 하고 싶어져 2016년 8월
에 최인아책방을 시작했다. 개성 있는 큐레이션뿐 아니라 기획력이 드러나는 프로그
램을 최인아책방에서 선보이고 있다.

"이 브랜드는 좀 특별합니다. 어떤 생산품이
아니거든요. 물건이 아니라 최인아라는 사람입니다.
29년 동안 카피라이터로 일하며 삼성그룹
최초 여성 임원으로서 제일기획 부사장을 지낸 뒤
돌연 사표를 낸 그는 선릉역 인근에 자신의 이름을
내건 '최인아책방'을 열고 서점의 경험을 새로이
설계하고 있습니다. 그의 이름 자체가 하나의
브랜드라고 할 수 있죠."

최인아책방은 제일기획에서 카피라이터와 크리에이티브 디렉터로 29년간 일
해온 최인아가 후배 정치헌과 함께 연 책방이다. 기존 서점과 다르게 독자 중
심의 차별화된 큐레이션을 실현하고 있다.

지금의 최인아를 만든 결정적 순간 네 가지

　안녕하세요, 최인아입니다. 저는 29년 정도를 광고쟁이
로 살았어요. 제일기획에서 카피라이터로 일했죠. 몇 년 전
에 은퇴 같은 퇴직을 하고 3년 정도 자유인으로 놀다 보니 다
시 또 일을 하고 싶어지더라고요. 2016년 선릉 근처에 작은
책방을 열어서 지금은 책방 주인으로 살고 있습니다.

과거의 시간을 돌아보면, 저를 지금의 이 모습으로 만들어준 결정적인 순간이 몇 번 있었어요. 만약 그 순간에 그 선택을 하지 않았다면, 그 길을 가지 않았다면, 지금 여기 이 모습으로 있을 것 같지 않은 순간 말이죠.

진짜 결정적 순간이라면 스스로가 먼저 '아! 지금이 바로 결정적 순간이구나'를 알아차릴 수 있어야 해요. 그래야 그걸 붙잡을 수 있으니까요. 다행히 저는 금방 알아차렸어요. 제가 가진 안테나는 바깥으로만 향해 있지 않고, 안으로도 향해 있었거든요. 광고 일을 할 때나, 책방에서 프로그램을 기획할 때나 제가 항상 첫 번째로 던지는 질문은 '이걸 세상이 어떻게 생각할까'가 아니라 '나는 뭘 하고 싶지?' '나는 이럴 때 어떻게 반응하지?'예요. 물론 내가 누군가에게, 혹은 이 세상에 해가 되는 일을 하고 싶어 하지 않을 거라는 믿음이 있고요.

무라카미 하루키의 《먼 북소리》라는 책을 아시나요? 하루키가 지금처럼 세계적인 작가가 되기 전에 꽤 오랫동안 도쿄에서 재즈 바를 운영했어요. 실제로 그의 책에도 음악 이야기가 많이 나오죠. 그런데 어느 날 멀리서 북소리가 들려왔대요. '떠나라' '떠나라'. 그 북소리를 무시할 수 없었던 하루키는 정말 떠납니다. 잘되던 재즈 바를 접고 무작정 유럽에서 3년을 머물렀어요. 그 긴 여행 중에 쓴 소설이 바로 《노르웨이의 숲》입니다. 만약 하루키가 자기 안에서 올라오는 '떠나라'는 신호를 알아차리지 못했다면, 어쩌면 오늘날 우리가 아는 하루키는 없었을지도 몰라요. 가장 진실된 순간은 '나'로부터 시작하는 겁니다. 트렌드가 어떻게 가느냐를 아는 것도 중요하지만 지금 나에게 무슨 일이 일어나는지를 알아차리는 게 더 중요해요.

　우리 몸은 늘 우리에게 신호를 보냅니다. 그런데 잘 모르죠. 아침에 눈을 뜨면 먼저 뭘 하세요? 보통 스마트폰부터 확인하고 씻으러 가죠. 마음은 벌써 출근해 있고요. '부장님이 오늘 나한테 뭐라고 하실까' '오늘 회의할 거 있는데' 등등. 나는 아직 우리 집에 있는데 생각은 벌써 회사에 가 있어요. 그러니까 내 안에서 뭐가 울려 퍼지는지 잘 몰라요. 귀 기울이지 않으니까요. 어쩌면 자기에게 굉장히 중요한 순간일 수 있는데 그냥 흘려보내는 거죠.

　다행히 저는 어릴 때부터 저 자신에게 관심이 많았고 저를 들여다보며 살았습니다. 제 인생의 첫 번째 결정적 순간은 초등학교 3학년 때였어요. 글짓기 시간이었는데 선생님이 제게 "글 잘 썼다"며 나와서 읽어보라고 하셨죠. 반 친구들 앞에서 글을 읽고 제자리로 돌아오던 그 순간이 지금도 명확하게 기억나요. '내가 나중에 어른이 되면 나는 무언가를 쓰거나, 말을 하는 일을 하며 살게 될 거 같다'고 느꼈거든요. 10살짜리 어린아이한테 그런 직감이 있다니 놀랍죠. 고등학생이 되고 대학생이 되면서 저의 장래 희망이 몇 차례 바뀌긴 했지만요. 그건 세상이 정해놓은 업을 기준으로 봤을 때 바뀐 것일 뿐, 늘 제 생각을 말이나 글로 표현하는 일을 해왔어요. 저한텐 광고도 그렇습니다.

살아남으려 선택한 반항이 만든 결정적 순간

두 번째 결정적 순간은 제일기획에 입사한 84년도였습니다. 사회에 나갔더니 남자와 여자가 같지 않더라고요. 오히려 여자를 '열등한 존재'라고 대놓고 얘기했어요. 사규가 대표적입니다. 똑같이 4년제 대학교를 졸업했지만 여자는 남자보다 3년 늦게 진급이 된다고 적혀 있었어요. 실제로 제 선배 중에 여자 대리가 없었습니다. 제 앞에 늘 따라다니는 설명이 '삼성그룹의 첫 여자 부사장'이라는 수식어인데, 사실 전 제일기획의 첫 번째 여자 대리였고 여자 차장이었어요. 제 앞에 아무도 없었으니까요. 남자가 4년 만에 대리가 될 때 저 같은 여자는 7년이 걸렸습니다. 당연히 연봉도 차이가 크게 났겠죠.

여기서 중요한 건 제 반응이에요. 그 이야기를 듣고 '어쩔 수 없이 받아들일 거냐' 아니면 '반항할 거냐'를 결정해야 했거든요. 이때가 저에겐 두 번째 결정적 순간이었는데요, 전 반항하기로 했어요. 그런데 막상 반항해보니까 이 조직에서 '여자'는 소수민족하고 같더라고요. 남자들이 주류인 세상에, 소수민족인 내가 자리를 잡으려면 남자들을 다 적으로 돌려선 안 되겠다는 생각이 들었어요. 또 하나, 한 번에 뒤집는 건 쉽지 않아 보였어요. 제가 남녀 간의 3년 차이를 2년으로 줄이고, 내 후배가 1년으로 줄이고, 그다음엔 격차가 아예 사라지게 만들겠다고 생각했죠.

무엇보다 가장 중요하게 생각한 점은 '일을 잘하자'였습니다. 이 상황을 극복하려면 '프로페셔널(프로)'이 되는 방법밖에 없다고 생각했어요. 여러분은 지금 '프로'라고 생각하면 무엇이 떠오르나요? 연봉 많이 받는 사람일까요, 유능한 사람일까요? 그때 저는 흑인이든 백인이든, 나이가 적든 많든, 얼굴이 예쁘든 안 예쁘든, 여자든 남자든 '그 일을 하려면 쓸 수밖에 없는 사람'이 프로라고 생각했고, 프로가 돼야 이

상황을 극복할 수 있다고 생각했어요.

지치지 않고 살아남을 수 있었던 이유

제가 만들었던 광고 중 '그녀는 프로다, 프로는 아름답다'라는 카피가 있습니다. 아주 절절한 제 얘기였죠. 여자가 열등한 존재로 취급받던 시절에 사회생활을 하며 겪었던 것들을 차곡차곡 쌓아두었다가, 마침 딱 맞는 프로젝트를 맡았고 대박이 난 거예요. 대박이 났다는 건 저와 비슷한 일을 겪은 여자들이 많이 있었다는 의미겠죠.

빅터 프랭클이 쓴 《죽음의 수용소에서》라는 책에 제 생각과 정확히 일치하는 부분이 나옵니다. '나를 둘러싼 환경을 바꿀 수 있는 힘이 당장 나에겐 없다. 그러나 그 굳건한 환경 앞에서 어떻게 반응할지, 그 태도는 내가 정할 수 있다. 그걸 정할 수 있는 자유는 나한테 있다'라는 구절이에요. 당시 제 상황에 빗대어 말하자면, 여자를 열등하게 취급하는 세상에서 투쟁하느냐 마느냐를 결정하는 건 제 자유라는 거죠. 그 사실이 제 숨통을 틔워줬어요. 내 힘으로 어찌할 수 없는 환경에 내쳐졌을 때 그 환경에서 어떻게 할 거냐, 이건 선택권이 저에게 있다는 거예요. 이 말을 기억하면 약해지려

할 때마다 다시 일어날 힘이 될 겁니다.

　돌이켜 생각해보면 회사원으로 살았던 29년의 세월 중에 앞의 절반은 여자여서 불리했고, 뒤의 절반은 오히려 여자라는 게 유리했습니다. 마케팅을 할 때 중요한 것 중의 하나가 차별화잖아요. 제가 한창 실무자로 일할 때 저같이 회사를 대표하는 여자 선수가 업계에 거의 없었어요. 자동으로 차별화가 된 거죠. 광고계도 경쟁이 치열해서 큰 프로젝트에는 대여섯 개의 회사들이 프레젠테이션(PT)에 참여합니다. 클라이언트 입장에서는 온종일 그 회사들의 PT를 다 봐야 하고, 사이즈가 큰 프로젝트는 한 회사에서도 여러 명이 나와서 발표하니 나중엔 제대로 기억도 안 나요. 그런데 전 여자니까 제 이름은 몰라도 여자였다는 것만으로도 차별화가 됐어요. 그래서 앞의 절반은 불리했고 손해를 봤지만, 뒤의 절반은 오히려 기회가 아니었나 싶어요.

　니체는 '나를 죽이지 못한 것은 나를 더욱 강하게 만든다'라고 말했습니다. 나를 정말로 힘들고 고통스럽게 하는 상황에 도전해서 지지 않고 살아남으면, 그 과정에서 내가 깨닫고 배운 어떤 것이 나한테 힘을 준다는 의미예요. 저는 그런 경험을 많이 했습니다. 혹시라도 굉장히 힘든 순간이 찾아오면, 혹은 앞으로 극심한 스트레스를 받거나 이걸 어떻게 헤쳐 나가야지를 생각하는 사람에게 저는 《죽음의 수용소에서》이 책을 꼭 추천해요.

온몸으로 생각하며 알게 된 것

제가 마흔서넛쯤, 제일기획에서 상무 몇 년 차쯤 됐을 때였죠. 더 이상 여자라고 저를 낮춰 보지 않았고 억울한 대우를 받지도 않았어요. 그렇게 여자라는 고비를 웬만큼 넘었다고 생각했는데, 또 다른 봉우리가 있더라고요. 광고 업계는 다른 어떤 업계보다 사이클이 짧다 보니 '무능해'라는 말보다 '올드해'라는 딱지가 훨씬 더 치명적이에요. 그런데 '내가 늙는구나'라는 생각이 든 거예요. 늙는다고 생각하니 시간을 돌아보게 됐는데, 시간이 계속 줄어들고 있더라고요. 돈으로 비유하면 돈은 언제든 생길 수 있지만 시간은 생길 수 없어요. 계속 줄어들기만 하죠.

어느 날 출근해보니 저뿐만 아니라 주변 사람들의 눈이 풀려 있는 것 같았어요. 내가 여기서 이 소중한 시간을 보내면 안 되겠다는 생각이 들었습니다. 그만두려고 했는데 회사에서 1년 휴직하라고 하더군요. 1년 후에 돌아오지 않겠다는 생각으로 여행을 다니면서 신나게 놀다가 프랑스의 전직 언론인 올리비에 베르나르가 쓴 《나는 걷는다》라는 책을 보게 됐어요. 역사에 관심이 많았던 작가가 은퇴 후, 실크로드의 서쪽 끝인 터키 이스탄불부터 중국 시안까지 걸으며 4년에 걸쳐 쓴 책인데요, 그가 실크로드를 본격적으로 걷기 전에 갔던 곳이 바로 산티아고입니다.

책에서 산티아고를 보는 순간 '가야겠다'라는 생각이 들었었어요. 여러 개의 코스가 있는데 그중 가장 기본적인 루트의 거리가 800km예요. 보통의 직장인이 휴가 내고 갈 수 있는 곳이 아니어서 나중에 회사를 그만두면 가야겠다고 생각만 하고 있었는데, 휴직한 2006년에 가게 된 거죠. 36일 동안 800km를 다 걸었습니다. 아침에 숙소를 나와서 배낭 메고 무작정 걸었어요. 걷게 되면 무엇을 가장 많이 하게 될까요? 바로 생각이에요. 생각한다고 하면 우리는 보통 책상 앞에서 하는 정신 운동을 떠올리는데, 제가 볼 때 생각은 온몸으로 하는 거예요.

하루 내내 걷기만 하면 어떤 일이 생길까요. 처음엔 생각 A가 들어오는데 조금 있다 생각 B가 들어와 '그게 아니잖아'라고 해요. 다시 C가 들어오고 D가 오고요. 저 자신과의 시간을 많이 보낸 저조차도, 한 달이 넘는 시간 내내 저 자신에게만 집중하고, 생각하고, 들여다보고, 지우고, 또 생각한 건 처음이었어요. 20여 일쯤 지났을 때 제 안에서 솟구친 생각은 '돌아가야겠다'는 거였어요. 머물던 자리를 떠나서 보니 내가 아직 일에 대한 애정이 많다는 사실, 후배들과 회사에 대한 애정이 많다는 사실을 깨달았죠. 제가 누린 것들은 내가 열심히 일했기 때문에 얻은 것이라고 생각했는데, 돌이켜보니 저를 도와준 분들이 굉장히 많더라고요.

흔들리지 않고 나만의 길을 선택하는 방법

무언가를 결정할 때, 특히 마흔이 넘어 결정을 해야 할 때 '어느 게 더 유리하지?'라는 생각을 안 할 순 없어요. 하지만 적어도 인생을 절반 가까이 산 다음에 하는 결정이라면 '뭐가 유리하지?'가 아니라 스스로 납득할 수 있는 결론에 도달한 후 그걸 따라가야 해요. 내가 선택한 길을 가더라도 그 길이 늘 부드럽지만은 않아요. 돌부리가 있고 오늘처럼 미세먼지가 껴서 길이 안 보일 수도 있죠. 추울 수도 있고 비가 올 수도 있어요. 그러면 사람이 불안해져요. 불안해지면 '이걸 계속 가도 되나?' 하며 흔들리거든요. 흔들릴 때 나를 잡아줄 수 있는 뭔가가 필요해요. 그 뭔가가 '어느 게 더 유리하지'라는 생각뿐이면 흔들리는 순간 더 이상 그게 유리하지 않게 보일 수 있거든요. 그래서 중년에 결정을 내릴 땐 스스로 납득할 수 있는 결론에 도달한 후에 그 결정을 따르는 것이 옳아요.

기업이 생존이나 성장을 위해서 전략을 세우잖아요. 개인 인생을 경영할 때도 그런 전략이 필요해요. 기업이 중요한 프로젝트를 할 때 시간을 투자하고 좋은 사람을 투입하잖아요. 내게 중요한 사안을 앞두고 있을 때도 마찬가지죠. 시간과 노력을 투자하세요. 계속 뒤집어 생각해야죠. 그렇게 낸 결론이 당장은 불리해 보일 수 있어요. 그런데 우리가 일년 후, 한 달 후 일을 예측할 수 있나요? 그렇지 않아요. 우리가 어떤 선택을 할 때는 이것이 더 나을 거라고 믿고 결정하지만, 꼭 그렇던가요? 혹은 어쩔 수 없이 불리해 보이는 길을 가지만, 그 길이 끝까지 불리하던가요? 그렇지 않잖아요. 자신이 확신할 수 있고 납득할 수 있는 결정을 하는 것이 중요해요. 그러려면 시간과 노력을 투자하세요.

지낼수록 색다른 인생의 찰나, 책방을 열다

산티아고에서 돌아오면서 3년을 일할 생각이었는데

6년을 더 했어요. 2012년 12월에 퇴직했죠. 그때가 부사장 3년 차였는데 제 앞에 남아 있는 선택은 내가 사장이 되느냐, 안 되느냐밖에 없었죠. 저 스스로 절 봤을 때 전 사장을 할 만한 그릇이 아니었어요. 디지털이라는 것이 광고업계에도 굉장히 큰 이슈다 보니 새 길을 찾아야 했죠. 저 스스로 저를 보니 그럴 에너지도 역량도 남아 있지 않았죠. 그런 채로, 단지 사장이 되고 싶다는 이유로 남는다면 회사도 비극이고 제 개인 인생에도 비극이잖아요.

그렇게 퇴사하고 한 몇 년을 놀았더니 슬금슬금 마음속에서 생각이 올라오더라고요. '다시 일하고 싶어.' 정말 예측할 수 없었던 거예요. 당시 미생이라는 웹툰이 tvN에서 드라마로 제작돼 방영 중이었는데 오 차장 팀이 요르단 사업을 재개하고 싶어서 사장님과 임원들 앞에서 할 PT를 준비하는 장면을 봤어요. 집에서 보고 있는데 맥박이 빨라지더니 '나 저거 해야 하는데, 왜 이러고 있지?' 하는 생각이 올라오더라고요. 그 생각을 돌아봤더니 그동안 슬며시 내게 쌓여왔던 생각이 있더라고요. 나를 움직였던 강력한 에너지 중 하나는 쓰이고 싶다는 욕구였다는 것을 깨닫게 됐어요.

또 하나, 저는 어릴 때부터 혼자서 굉장히 잘 노는 사람이었어요. 누가 심심하다는 게 이해가 안 됐어요. 그런 사람들에게는 '왜 심심해?'라고 물었죠. 그런데 학생 때는 학교에, 사회인이 됐을 땐 회사에 속해 있다 보니, 제 시간이 없는 것 같더라고요. 제 시간의 태반을 내놓고 사는 삶이잖아요. 그래서 밸런스를 찾아가려는 욕구 때문에 혼자 있고 싶다고 생각했던 것이었죠. 그런데 은퇴를 한 후 더 이상 아무 조직에 속하지 않은 상태로 눈떠서 잠들 때까지 자유인으로 살다 보니 '누군가와 같이 있고 싶다'는 생각이 들더라고요. 새로운 발견이었죠. '양파 껍질 까듯이 죽을 때까지 자기가 어떤 사람인지 알아가는 거구나, 나도 사회적 동물이구나' 하는 것을 깨닫고 일을 하기로 했어요. 농담처럼 하는 얘기인데 제 창업 동기가 '함께 놀 사람'이 필요해서, 그리고 쓰이고 싶어서예요. 그렇게 책방까지 이어져 왔죠.

제가 스스로 감지하는 제 인생의 결정적 순간들이 이렇게 네 가지 정도 있었고 거기서 이런 생각을 가지고 길을 선택했던 것이 저를 그렇게 살게 했어요.

스스로 파워브랜드 되기

저는 광고 일이 브랜드를 다루는 일이라고 생각했어요.

제가 광고 일을 한 지 10년 차 정도 됐을 때 '삼성·벤츠·SK만 브랜드가 아니라 나도 브랜드다'라는 인사이트가 생겼어요. 다만 나는 아직 성장기 브랜드여서 앞으로 갈 길이 멀다고 생각했죠. 일하는 사람으로서 저의 목표는 '연봉을 많이 받겠다'가 아니라 제 분야의 파워브랜드가 되겠다는 거였어요. 그걸 북극성처럼 바라보며 일했어요. 나 자신을 브랜드로 본 인사이트가 중요한 이유는 장기적으로 생각할 수 있게 해줬기 때문이에요. '당장 이 일이 조금 힘들지만, 이거 해내고 나면 내가 클 거야'라는 생각을 할 수 있거든요.

저는 브랜드라는 건 근본적으로 시간과 비례해 가치를 축적해가는 발상이라고 생각해요. 장기적인 것이죠. 물론 '내가 A 회사에 있는 게 나을까, 아니면 B 회사에 가는 게 나을까? 여기가 연봉이 더 많은데' 같은 고민도 존중해요. 하지만 나를 브랜드로 바라보고, 일하는 사람으로서 나라는 브랜드의 가치가 무엇인지 장기적인 관점에서 생각해보니 저에게 일은 단지 생계유지나 돈을 위한 것이 아니라 나를 키워주는 역할을 할 것 같았어요.

앞서 어떤 일을 하기 위해서는 쓸 수밖에 없는 사람을 '프로'라고 말했는데요, 책방을 열고 나서 프로페셔널에 대한 저만의 정의가 하나 더 생겼어요. 선한 의도로 시작한 일을 선한 결과로 맺는 사람. 무언가를 시작할 때부터 나쁜 의도로 시작하는 경우는 없어요. 다 좋은 의도로 시작해요. 그런데 막상 해보니까 제대로 안 되기도 하죠. 혹은 상대가 움직여줘야 성과가 나는 경우도 있는데, 상대가 나처럼 선한 의도가 있지 않을 때도 많아요. 그래서 저는 프로페셔널의 중요한 뜻이 내가 좋은 뜻으로 시작한 일이 좋은 결과를 내는 것이라고 봐요. 그래야 지속 가능하니까요.

최인아책방은 무엇이 다른가

독자와 책을 이어주는 '북클럽'

책방에서 여러 프로그램을 기획하고 있는데, 2018년 2월부터는 북클럽을 시작했어요. 6개월, 12개월 단위로 가입을 받고 가입하신 분들께 한 달에 한 번 선정한 책을 보내드려요. 무슨 책이 올지 받아볼 때까진 모르죠.

북클럽을 시작한 계기가 있는데요, 책방에 오신 분들과 이야기를 나눠보니 무슨 책을 읽어야 할지 모르겠다고 하더군요. 또 한편에서는 '맨날 읽는 분야만 읽어요'라는 분들도 많았고요. 사실 1년에만 8만 종의 책이 쏟아져 나오다 보니 대부분의 책이 독자와 만나지도 못해요. 아쉬운 일이죠. 그래서 북클럽을 기획하게 된 겁니다.

이 달의 책은 두 가지를 기준으로 선정하죠. 첫째로 중요한 인사이트를 품고 있는가, 둘째로 우리가 돌아볼 질문을 던지고 있는가예요. 되도록 출간된 지 두 달 이내의 신간 중에서 고르고, 보내드릴 땐 책만 보내지 않아요. 전 아무리 좋은 선물을 받아도 카드가 들어 있지 않으면 성의 없는 선물처럼 보여서요. 항상 저희가 왜 이 책을 골랐는지, 어떤 맥락에서 이 책을 여러분과 같이 읽고 싶은지를 적어서 같이 보냅니다. 제가 책방 마님이잖아요. 길 때는 석 장, 짧을 때 두 장 정도 분량의 편지를 씁니다.

책을 보내드리고 다 읽으셨을 때쯤 책의 저자, 혹은 번역자를 모셔서 책을 읽은 독자와 마주 앉는 모임을 운영합니다.

내게 주는 선물 '혼자의 서재'

최인아책방 3층에는 '혼자의 서재'가 있습니다. 일종의 소셜 공간인데요, 저는 한국 사회를 살아가는 우리에게 가장 부족한 건 어쩌면 돈보다 시간이라고 생각해요. 특히 혼자 있는 시간이오. 3~4년 이상 사회생활을 한 사람은 누구나 목까지 뭔가가 차올라 있는 것 같다는 기분을 느낀 적이 있을 거예요. 오랜만에 내가 혼자 있는 시간이 생겼을 때 그 혼자만의 시간을 온전하게 보내려면 공간이 필요하잖아요. 가족하고 같이 사는 사람은 집에 있으면 일거리가 눈에 띄고, 혼자 사는 사람은 공간이 뻔하고. 모처럼 혼자 있는 시간에 집에 있고 싶을 것 같지 않았어요.

혼자만의 서재에선 책을 판매하진 않는 대신 입장료가 있어요. 입장료를 내시면 커피 리필도 해드려요. (웃음) 편안한 공간에서 책을 마음껏 보고 잠을 주무셔도 돼요. 수고한 나한테 주는 조그만 선물이라고 생각하면 꽤 괜찮다고 느끼실 거예요.

프레임몬타나

나만의 빈티지 스타일

최영훈 · 프레임몬타나 대표

최영훈(Montana Choi)은 인스타그램 팔로워 수가 8만 명이 넘는 패션 인플루언서다. 사실 그는 5년 전까지만 하더라도 페이스북은커녕 컴퓨터에도 능숙하지 않았던 MBA 출신의 잘나가는 경영 컨설턴트로 주말 없이 일만 하는 직장인이었다. 진정한 행복에 대한 답을 찾던 중 '진짜 좋아하는 일'에 뛰어들기로 결정했다. 평소 50년대 미국, 프랑스의 빈티지 프레임을 좋아해 수집해오다가 직접 빈티지 안경 브랜드 '프레임몬타나'를 론칭한 것이다.

"프레임몬타나의 대표 최영훈은 위트 있는 글과
탁월한 패션 감각으로 당시 인스타그램 팔로워
6만 명을 확보한 인플루언서였습니다. 그런 그가
인스타그램에서 '덕질'을 했던 '안경'으로 브랜드를
론칭합니다. 그는 론칭 이전부터 자신의 고객에게
자신이 왜 안경 브랜드를 만드는지, 무엇을 중요하게
생각하는지를 공유했죠. 그 과정을 지켜본
팔로워들은 자연스럽게 프레임몬타나의 팬이자
고객이 되었습니다."

프레임몬타나는 빈티지 프레임이 가진 단순하면서도 완성도 높은 미학적인
가치를 현대적으로 재현해보고자 시작된 빈티지, 클래식 안경 브랜드다.

패션덕후는 어떻게 안경 브랜드를 만들었나?

안녕하세요, 최영훈입니다. 제가 프레임몬타나를 시작
한 지 얼마 안 되었을 때부터 많은 일이 있었습니다. 이 자리
에서 프레임몬타나를 준비하면서 일어난 일들을 허심탄회
하게 나누고 싶습니다. 우선 간단히 제 소개를 하자면 저는
좀 이중인격자예요. 좋아하는 책도 《지킬박사와 하이드》이

고, 어렸을 때는 두 얼굴을 가진 사나이 아수라 백작도 좋아했고요. 제 인격을 보면 반은 선비 같고 나머지 반은 히피 같아요. 두 자아가 충돌하면서 인생이 힘들었는데 요즘 제 자아를 찾아가고 있는 것 같아요.

전 굉장히 모범생처럼 살았어요. 예전에는 지금보다 다양성이 없었어요. 인문계 고등학교를 나오면 상경대학에 진학하고, 대기업 임원이나 회사 사장이 되는 게 가장 좋은 길이었어요. 그 길밖에 없기도 했고요.

제 경우에도 인문계 고등학교를 졸업하고 상경대학에 진학해 첫 직장으로 대기업에 들어갔어요. 그런데 직장을 계속 다니다 보니 저랑 너무 안 맞더라고요. 회사를 나와 해외 유학을 가보고 싶었어요. 당시에는 미국 MBA를 가는 게 꿈이었고 다녀왔더니 마침 파이낸스 혹은 컨설팅 쪽이 붐이었어요.

요즘은 컨설팅이 3D라고 분류되기도 하지만 당시엔 대우가 좋았어요. 컨설팅 회사에 들어가서 정말 열심히 일했어요. 그러다 어느 날 문득 제가 행복하지 않다는 걸 깨달았어요. 다른 직장인들처럼 빠른 승진과 높은 연봉을 보고 달려왔는데 갑자기 인생에 회의감이 들었고 40세가 넘어가면서부터 정말 못 해먹겠더라고요. 그만두고 제가 준비했던 사업을 시작했어요. 석유화학 제품을 수출하는 사업이었어요. 그 분야를 정말 잘 알아서 시작했던 건 아니고 그간 쌓아온 인맥과 컨설팅 경험을 고려해서 선택한 사업이었습니다. 회사가 안정되면서 제가 예전부터 하고 싶었던 일을 해봐야겠다고 생각했습니다. 사실 제가 제일 재미있어 하던 일이 패션 분야였어요. 그런데 시장을 살펴보니 패션 분야는 경쟁자도 많고 규모가 커야겠더라고요.

그러던 어느 날 안경점을 방문했습니다. 놀랍게도 사고 싶은 안경이 단 한 개도 없었어요. 제 마음에 드는 디자인이 없었던 거죠. 안경을 만들어야겠다고 생각했어요. 당시엔 아무도 뿔테 안경을 안 쓸 때였고 클래식 안경이란 시장 자체가 없을 때였어요. 이렇게 시작한 브랜드가 프레임몬타나였습니다. 여러모로 완전 역발상으로 움직였어요. 시장의 흐름과 전혀 반대로, 제 고집대로 제가 좋은 대로 원가에 상관없이 만들었어요.

시장의 주류가 아니었던 클래식, 빈티지 스타일의 안경테가 그것도 30만 원, 40만 원 정도의 제품이 온라인 출시되었을 때 하루 매출이 3억이 넘었다? 물론 제 인스타그램의 인기와 말발이 큰 영향을 줬을 거예요. 하루 3억 매출을 찍은 뒤 당연히 매출은 떨어졌고요. 하지만 제품을 론칭하고 지금까지 프레임몬타나가 꾸준히 성장한 이유는 본질에 집중한 덕분인 것 같아요. 제품 퀄리티가 좋아서요. 고객들은 바보가 아니거든요. 한 번은 속을 수 있지만 두 번은 속지 않아요.

팔로워 8만 명, 몬타나 최의 인스타그램 노하우

많은 분이 왜 프레임몬타나를 론칭하는 과정을 모두 인스타그램에 공개했냐고 물어보셨어요. 노하우를 다 공개해도 괜찮냐고 걱정하셨죠. 당시 제가 할 수 있는 게 인스타그램밖에 없었어요. 경영 컨설팅을 10년 넘게 했지만 제 전공은 재무 쪽이었어요. 경영관리, 전략 프로젝트는 많이 해봤는데 브랜드는 한 번도 다뤄본 적이 없어요. 마케팅 전공자도 아니고요.

근데 막상 인스타그램을 하면서 느낀 게 마케팅은 공부해서 되는 게 아니구나, 먹고살기 위해서 땅바닥에 떨어지거나 극한 상황이 되면 누구나 할 수 있는 게 마케팅이구나 싶었어요. 창의력과 절박함을 가지고 하는 거죠. 인스타그램 게시글을 올릴 땐 정보나 재미 둘 중 하나는 반드시 주자라는 생각으로 했어요. 사람들이 물어봐요. "어떻게 그렇게 인스타그램을 잘하세요?" 저는 그냥 서비스 정신으로 하라고 답해요. 저는 처음에 옷 정보를 엄청나게 올렸어요. 개인적으로 핏이 굉장히 중요했거든요. 아니면 시답잖은 아재 개그를 썼어요. 그러니까 다들 40대 아재가 애쓴다, 이러면서 좋게 봐주셨어요. 어릴 적부터 틀에 갇히는 게 싫었고 학교 다닐 땐 산만하다고 혼나기도 했어요. 그래서 브랜드 론칭 과정도 정제하지 않고 다 공개하고 싶었어요.

물론 목적은 홍보였죠. 제가 경영 컨설팅을 10년이나 했으니까 고객들에게 정보든 재미든 뭐라도 줄 수 있겠다 싶었어요. 프레임몬타나가 성공까지 하면 얼마나 재미있는 이야기가 되겠어요. 제 인스타그램 철학은 간단합니다. 전 마케팅으로 고객을 얻고, 여러분은 저에게 정보를 얻고요. 이게 공정한 거라고 생각해요. 스포츠맨십처럼.

눈앞의 이익보다 40년 뒤를 생각하는 브랜드

개인 인스타그램을 제외하고 어떤 마케팅도 하지 않았어요. 주변 사람들에게 안경을 공짜로 주지도 않았고 연예인 협찬도 안 했습니다. 앞으로도 하지 않을 생각이에요. 직원 늘 날로는 얼마 전에 인기 배우 한 분이 매장에 다녀갔는데 재고가 없어서 돌아갔다고 해요. 직원이 40대 아재라서 누군지 못 알아봤는데 옆의 손님이 인기 탤런트라고 말해줘서 알았대요. 다음 날 그분 매니저가 와서 상품을 새로 주문하고 받아 가셨대요.

사실 그동안 제가 인스타그램을 해오지 않았다면 일어날 수 없는 일이죠. 다들 아시겠지만 고객들의 평이 굉장히 좋아요. 한 번 프레임몬타나 안경을 써보신 분들은 다른 안경테와 비교를 안 하세요. 그리고 한 번 사신 분들은 시리즈를 모으기 시작하세요. 입소문이 나는 것이 중요하다고 생각해요. 연예인 협찬으로 하루에 1억 매출 찍고 단기간에 성장하는 걸 원하지 않아요. 30~40년을 내다보고 만든 브랜드이기 때문에 트렌드에 휩쓸리지 않으려 해요. 트렌드가 되면 언제 누가 또 카피할지도 모르고요.

제가 지금은 굉장히 호언장담하고 있지만 사실 준비 기간 내내 암흑 속에 있었어요. 공장을 선정하는 것부터 고민이었죠. 공장을 선정하고 나서 프로토타입을 넘겼는데 사기를 당할 수도 있고 제품이 원하는 대로 안 나올 수도 있잖아요. 심지어 저는 중국산을 쓰는 다른 공장들과 다르게 이탈리아 제품을 써서 만들었는데 공장에서 엄청 비싼 가격을 부를 수도 있었어요. 이탈리아 제품을 쓴 건 바보 같은 짓이었죠. 잘 몰라서 한 일이기도 하고요. 나중에 알고 보니 이탈리아 제품 질이 훨씬 좋다고 해서 다행이었죠.

두 번 수정 끝에 찍어낸 제품 시트도 정말 아름다웠어요. 공장이 절 속이려고 마음먹었으면 그럴 수도 있었을 거예요. 론칭 한 달 전에 물건이 들어오기 시작했거든요. 이때 제품 퀄리티가 안 좋으면 전 끝났을 거예요. 일본 공장에서 온 물건을 보는 순간 눈물이 났어요. 너무 아름답더라고요. 사실 제품이 나오기 전까진 잘 몰라요. 수많은 리스크가 있었는데 운이 좋았어요. 공장을 일본 공장으로 선정한 것도 잘한 일이었죠. 한국 공장에서 했으면 내수 시장이 좁아서 디자인 유출도 되고, 잡음이 생길 수도 있거든요. 일본 공장에서 했더니 그런 잡음이 없어서 편해요. 사업을 하면서 사업 외적인 부분에도 비용을 쓰게 되는데 이번엔 그런 비용이 전혀 발생하지 않았어요. 공장에 직접 갔더니 세계적으로 퀄리티가 좋기로 유명한 곳이었고요.

프레임몬타나란 이름은 친구랑 술을 마시다가 우연히 만든 이름이었어요. 세 명이 사업을 시작했는데 결정적으로 안경을 그릴 사람이 없었죠. 안경 디자이너를 구하는 게 쉽지 않더라고요. 이것도 위기였죠. 다행히 제 인스타그램에 댓글을 달았던 분에게 연락을 했는데 그분이 지금 프레임몬타나의 디자인 팀장이에요. 디자인 팀장이 감각이 있어서 제가 원하는 걸 그려주기도 하고 함께 미국과 프랑스의 빈티지 안경을 연구하면서 디자인을 진행할 수 있었어요.

프레임몬타나가 말하는 혁신

프레임몬타나 제품은 우선 저한테 예뻐야 합니다. 물론 회사 안에서 서로 싸우기도 해요. 적절하게 타협할 때도 있지만 결론적으로는 제가 예쁘다고 했던 게 성공했어요. 이런 제 성향 때문에 많은 분이 창의력과 미적 감각에 대해 많이 물어보시더라고요. 개인적으로 선천적인 부분이 있는 것 같아요. 어떤 사람들은 정리벽이 있고, 어떤 사람들은 그런 걸 숨 막혀 하고요. 창의적인 마인드의 70~80%는 타고난다고 봅니다. 사실 미적 감각을 모두가 예민하게 키울 필요는 없어요. 자기가 잘하는 역할에 어울리는 능력을 키워가는 거죠. 모두가 칼 라거펠트가 될 필요는 없어요.

종이 안경 기획에 대해서도 센스가 있다고 하는데 전 오히려 왜 다른 회사들이 이 아이디어를 생각하지 못했을까 라는 의문이 들어요. 프레임몬타나는 온라인에서 안경을 팔잖아요. 사람들이 안경을 써보지 않고 구매하긴 힘들어요. 뭐라도 만들어야 했어요. 컨설팅이나 광고마케팅을 하시는 분들은 이 심정을 아시겠지만 무언가 답을 내야 했어요. 그래서 만들게 됐습니다.

본 제품을 만들기 전에 OHP 필름에 제품을 찍어보거든요. 이걸 얼굴에 피팅해보면 어떨까 하고 시작했던 거예요. 이렇게 반응이 좋을지 몰랐지만 이게 큰 무기가 될 것이라는 감은 왔어요. 기존 2D 형태의 종이 안경은 곧 다음 세대로 진화할 예정입니다. 앞으로는 3D로 직접 써보실 수 있을 거예요. 혁신은 지속되어야 한다고 생각해요. 밑도 끝도 없는 혁신은 없어요. 기존에서 남보다 하나 더 하는 게 혁신이라 생각해요.

이번에 미국에서 열린 안경 전시회에 다녀왔는데 사람들이 제 안경에는 관심이 없고 종이 안경만 가지고 가더라고요. 특히 룩 옵틱(LOOK OPTIC)이라고 굉장히 유명한 안경회사가 있는데 그 회사 회장이 제가 마음에 들었던 것 같아요. 본인도 저처럼 안경을 하던 사람이 아니라서 친해지게 됐어요. 그 사람은 종이 안경을 보고 돋보기를 만들 생각을 하더라고요. 회의실에 가면 50대부터는 다 돋보기를 사용하니까

얇은 종이 돋보기를 만들어서 회의실에 비치하는 거죠.

저한테 아이디어를 준 게 어린이들을 위한 청광 차단 렌즈까지 만들어서 아예 패밀리 키트를 제작하라는 거였어요. 어른들을 위한 돋보기랑 아이들을 위한 청광 차단 렌즈요. 요즘 아이들이 스마트폰과 아이패드를 보면서 눈이 나빠지니까 청광 차단 렌즈를 반드시 끼는 분위기를 만들라고요. 근데 이건 진입 장벽이 워낙 낮아서요. 아무튼 종이 안경은 이렇게 탄생했어요.

브랜드를 만드는 데 있어서 저에게는 두 가지 유리한 점이 있었어요. 우선 JC 석유화학이라는 기존 회사가 있었다는 점과 인스타그램 팔로워가 꽤 많았다는 점이에요. 창업 당시 6만 명 정도가 있었죠. 이 두 가지가 없는 상황에서 밑도 끝도 없이 사업을 시작했다면 정말 어려웠을 거예요. 그렇지만 이 두 가지가 있고 없고를 떠나, 가장 중요한 것은 첫째로 본질에 집중하는 것입니다. 여기서 본질이 '장인정신'만 의미하진 않아요. 제품의 본질과 마케팅 둘 다 중요하죠. 이 두 가지를 할 때 당장의 이익을 위해 꼼수를 부리면 궁극적으로 성공과는 멀어져요. 본질의 중요성은 브랜드뿐 아니라 직장 생활에도 적용할 수 있을 것 같아요. 편법을 쓰지 않고 정도를 걷는 사람들이 끝까지 남더라고요. 두 번째는 절박함입니다. 제가 JC 석유화학이 있다고 안도하면서 프레임몬타나를 만든 게 아니에요. 이게 망하면 나는 죽는다는 마음가짐으로 했어요. 그동안 소통했던 인스타그램 팔로워가 6만 명인데(2019년에는 8만 명) 실패하면 무슨 망신인가 싶었죠. 정말 제 체력을 다 걸고 일했어요. 마지막으로 차별화입니다. 실제 무언가 달라야 해요. 저는 완벽하게 차별화에 성공했습니다. 제품, 마케팅 두 가지 측면에서 모두 차별화를 할 수 없다고 생각하시면 접으세요. 장사가 됐든 서비스가 됐든 차별화 포인트가 없다면 과감하게 접으셔야 합니다. 이 세 가지는 어떤 상황에도 적용할 수 있는 사실인 것 같아요. 저도 계속 지켜가는 부분이기도 하고요.

EO(태용)

1인 크리에이터에서 미디어 브랜드로

김태용 · 브랜디드 크리에이터
대학교 재학 중 스타트업에 세 번 도전해 실패한 뒤 우연한 기회에 실리콘밸리와 한국의 스타트업의 이야기를 다루는 1인 크리에이터가 됐다. 태풍이 불면 돼지도 난다고 4차 산업혁명의 유행어 광풍을 타고 No.1 스타트업 크리에이터가 되었고 현재는 스타트업 전문 미디어를 운영 중이다.

"스타트업 관련 인터뷰 콘텐츠를 만드는 EO는
린 브랜드에서 말하는 '집중(Focus)을 통한 깊은
관계 맺기'에 성공한 대표적인 1인 크리에이터라고
할 수 있습니다. 기술, 나아가 스타트업이라는
타깃이 명확한 콘텐츠에 주력하면서도 태용만이
구축할 수 있는 스토리텔링으로 13만 명의 독자를
사로잡았습니다. 13만 구독자와 수십만 조회 수를
기록하는 콘텐츠를 만드는 비결을 묻는 질문에
EO는 '독자에 대한 이해'에서 모든 것이 비롯된다고
이야기합니다."

EO은 태용이 직접 만든 스타트업 미디어 브랜드로, 빠르게 변화하는 시대에
필요한 기업가정신(Entrepreneurship)과 새로운 기회(Opportunities)에 대한
이야기를 통해 독자들이 변화의 흐름을 이해하고 커리어를 통해 자아실현을
할 수 있게 도움을 주는 긍정적인 콘텐츠를 만들고 있다.

스티브 잡스 때문에 23세에 창업하고 세 번 망하다

안녕하세요. 스타트업에 관한 콘텐츠를 만드는 크리에
이터 태용입니다. 무슨 이야기를 전해드리면 좋을까 고민하
다가 지금의 'EO(태용)'이라는 브랜드가 있기까지 제가 작업

한 브랜드를 통해 인생 이야기를 하면 재미있겠다 싶었어요. 간단히 제 소개를 드리면 저는 한국과 미국 실리콘밸리를 오가면서 실리콘밸리의 창업자·근무자·투자자들에 관한 이야기를 만들고 있습니다. 좀처럼 매체에서 보기 힘들었던 카카오 CEO, 토스 CEO 그리고 이런 기업에 투자한 투자자들을 섭외해서 인터뷰 콘텐츠를 만들어 유튜브에 올리고 있습니다. 보통 유튜브 콘텐츠라고 하면 브이로그·먹방·겜방 같은 걸 떠올리기 쉽지만 제 채널이 다른 채널과 다른 점은 '기술'과 '스타트업'에 대한 주제를 깊이 다룬다는 것입니다.

구독자분들도 실제 기술 분야나 스타트업 종사자분들이 많아요. 채널 주제와 구독자의 니즈가 맞물린 덕분에 다른 채널 콘텐츠보다 시청 시간이 길게 나오고 있습니다. 보통 인기 유튜버의 콘텐츠 시청 시간은 전체 분량의 20% 정도 나오는 데 비해 제 채널의 시청 시간은 40% 정도 됩니다. 한 번 켜면 끝까지 보게 되는 콘텐츠가 많은 거죠.

EO라는 브랜드에 대해 이야기하기 전에 제가 실패한 이야기를 먼저 해볼까 합니다. 크리에이터가 되기 전에 저는 세 번 창업을 한 청년 창업가였습니다. 창업하게 된 결정적 계기는 '스티브 잡스의 죽음'이었습니다. 당시 군인 상병이었던 저와 세계적인 CEO 스티브 잡스의 죽음이 무슨 관계가 있을까요? 스티브 잡스가 사망한 날 9시 뉴스에서는 약 20분간 스티브 잡스의 삶과 죽음에 대해 다뤘어요.

사실 북한이 미사일을 쏴도 뉴스에서 연속 20분을 다루지 않는데, 한 외국인 기업가의 죽음에는 왜 이렇게 관심이 많은지 궁금했습니다. 당시 전 아티스트를 꿈꾸다가 입시에 실패하면서 그냥 대학에 들어갔다가 군대에 간 상황이었어요. 책을 읽다 보니 스티브 잡스가 만든 아이폰이랑 매킨토시를 약 1억 명 정도가 쓰는데, 이 제품이 세계 최고의 미술관인 뉴욕 현대미술관에서 일주일간 전시됐다는 내용이 있더라고요. 그때 기업가도 현대 사회에서 영향력 있는 예술 활동을 할 수 있다고 생각해서 전역하자마자 사업을 시작하겠다고 다짐했습니다.

말년 휴가 때부터 뉴스에 나오는 기업가들에게 무작정 '만나볼 수 있냐'라고 메일을 보내기 시작했어요. 당연히 아무도 안 만나줬습니다. 그래서 저를 마케팅 컨설턴트라고 소개하며 '당신 회사 광고 카피나 신제품 전략이 심히 우려된다'는 식으로 메일을 보내기 시작했습니다. 그랬더니 10명 중에 1·2명 정도는 만나주기 시작했어요. 막상 만나보니 어린애가 나와서 당황하신 분들이 많았죠. 그래서 분위기가 안 좋았던 적도 있고, 젊은 친구가 패기 있는 게 좋아 보인다며 프로젝트를 주시는 분들도 있었습니다.

전역하자마자 브랜드 작업을 맡기 시작했어요. 처음에 15만 원을 받고 한방 탈모방지용 샴푸 프로젝트를 작업했는데, 한방 샴푸로는 망할 것 같아서 안티에이징 샴푸로 하자고 제안했습니다. 이 제안은 거절당했죠. 그다음엔 400만 원을 받고 캡슐 커피 자판기 브랜드와 외관 디자인 등을 맡아서 했습니다. 이런 식으로 6개월 동안 많은 기업가들을 만나며 돈을 벌었어요.

복학해서는 창업 동아리에 들어가 예술을 주제로 한 창업팀에 합류하게 됐습니다. 아트쉐어라는 회사였고, 회사에서 만든 플랫폼은 망했지만 제품 유통은 정말 잘됐습니다. 텐바이텐 사이트에서 거의 베스트 상품에 올랐고 실제 오프라인 매장도 오픈하기 시작했습니다. 당시 '예술을 일상에 전하자' '모두를 위한 예술'이라는 슬로건을 붙이고 많은 매장을 오픈했습니다. 잘 팔릴 땐 연 매출이 10억에서 15억까지 올랐죠. 이렇게 하다가 내부에서 의견이 좀 엇갈리기 시작했어요. 매출이 올랐으니 이걸 극대화해서 규모를 키우자는 의견과 예술가와 협업하겠다는 원래 목적에 집중하자는 의견이 나뉘었죠.

저는 원래 목적에 집중하고 싶었는데, 일단 매출을 올리자는 의견에 따라 신규 브랜드 하나를 준비했습니다. 그때 만들었던 브랜드가 '위글위글(WiggleWiggle)'이라는 폰케이스 브랜드입니다. 심혈을 기울여 브랜드의 콘셉트와 브랜드 스토리를 써나갔습니다. 당시 함께 일하던 디자이너 중에 색을 유니크하게 쓰시던 분이 계셨는데, 함께 예술가들의 제품을 패턴화시켜서 재미있는 패턴 디자인 브랜드를 만들어봐야겠다고 생각했습니다.

위글위글은 '꼼지락꼼지락'이란 뜻인데요. '반복되는 일상에 반복되는 모티브로 즐거움을 주자'는 콘셉트로 브랜드를 만들어서 좋은 반응을 얻었고 현재 이 브랜드로만 25억 원 정도 벌어들인다고 합니다. 이 브랜드를 만들고 나서 제가 갖고 있던 회사 지분을 일부 정리하면서 두 번째 사업을 정리하게 됐습니다.

이후 패션잡화가 아니라 좀 큰 걸 해보고 싶다고 생각했어요. 때마침 창업에 도움을 주셨던 교수님이 연결해준 공장과 인연을 맺으면서 건축 내장재를 만드는 B2B 회사를 알게 됐는데요. 저에게 B2C를 하자고 그 회사가 제안해서 갑작스럽게 가구 회사를 시작하게 되었습니다. 말랑말랑 친환경 소재의 가구여서 '몰리볼리'란 이름을 붙였습니다. 몰리가 말랑말랑, 볼리가 나뭇가지란 뜻이거든요. 결과를 먼저 말씀드리면 제품 자체는 디자인도 좋고 퀄리티도 좋았지만 잘 안됐습니다. 왜냐면 제가 업의 본질에 대해 제대로 이해를 못했기 때문입니다. 나중에 관계자 분들을 만나 이야기를 들어보니 제가 망한 이유는 가구업이 창고업이라는 사실을 몰랐기 때문이라고 하더라고요.

실제 창고 계약 문제 때문에 로스가 생기면서 빚쟁이가 될 것 같은 불안감 때문에 사업을 접었습니다. 이렇게 실패의 경험을 안고 다시 학교로 돌아갔는데 학교에서 개발자 친구들을 만나 정신을 못 차리고 또 사업을 시작했습니다. 캠퍼스 쿠폰 앱을 만들었어요. 터치스크린을 인식하는 스탬프를 만들었는데 불량품이 너무 많이 나오더라고요. 그래도 이 앱에서 만들었던 게시판에 대학생들이 이런저런 이야기를 나누고 놀길래 게시판만 떼서 투엔티란 앱을 만들었어요. 물론 앱은 망했습니다. 대신 거기에 재미있는 콘텐츠를 올리면 사람들이 머문다는 걸 깨달아서 알트(Alt)라는 콘텐츠 채널을 만들었습니다. 바이럴은 잘됐는데 리더십과 지속가능한 비즈니스 모델을 만들지 못해서 실패했습니다. 그렇게 23세 청년 창업가가 상승세를 잠깐 타고 내내 하락세를 타다가 28세가 됐습니다.

세 번의 창업을 통해 배운 중요한 한 가지

28세가 되고 친구들이 다 취업할 때까지 저는 하락하기만 했다는 생각에 현실을 돌아봤습니다. 창업을 또 해야 하나 아니면 그냥 취업해야 하나 고민을 많이 했어요. 한 교육 스타트업에서 연락을 받았습니다. 디지털 마케터가 필요한데, 일단 합을 좀 맞춰봐야 할 것 같으니 먼저 콘텐츠 7개를 제작해보라는 제안을 받았죠. 〈마켓 4.0, 시장의 미래〉 같은 콘텐츠를 건당 페이를 받고 제작했습니다. 제작을 마치고 수중에 돈이 생기니 해외로 나가고 싶어졌습니다. 그래서 실리콘밸리에 가기로 했습니다. 처음 창업을 꿈꾸게 한 '실리콘밸리'에 가서 저보다 뛰어난 사람들을 만나면 앞으로 살아갈 방향도 정하고 영감도 얻을 수 있을 거라고 생각했습니다.

영어도 잘 못 하고, 미국도 처음인 제가 실리콘밸리 사람들을 만나려면 명분이 필요했습니다. 제가 망하기 직전까지 만들었던 게 콘텐츠니까 취재로 왔다고 하면 만나주지 않을까 싶었습니다. 처음부터 어떤 계획이나 전략을 가지고 접근한 건 아닙니다. 다만 창업을 했던 경험이 몸에 배어 있어서 제품이든 콘텐츠든 '사람들이 원하는 걸 제공해야 한다'는 마음이 있었습니다.

제가 실리콘밸리에 가기 전에 공항에서 딱 두 가지 일을 했어요. 첫 번째는 비행기를 타기 전에 자기소개 영상을 찍어서 올렸고, 두 번째는 설문지를 만들어서 페이스북에 올렸습니다. 설문지에는 '내가 실리콘밸리에 인터뷰하러 가는데 실리콘밸리에 대해, 실리콘밸리에서 일하는 사람들에 대해 궁금한 게 있으면 대신 물어봐주겠다'라고 적었어요. 약 22개 정도 답변이 달렸는데 엔지니어, 디자이너 직군의 분들이 다양한 질문을 해주셨어요. 이런 질문들이 주요 콘텐츠 소재가 되었습니다. 저는 원래 '창업가'에 대해서 궁금한 게 많았는데 이분들은 실리콘밸리의 업무 문화라든지 협업 방식, 개발자와 디자이너의 업무 등에 대해 많은 질문들을 해주셨어요. 이 질문을 통해 '사람들이 실리콘밸리에 대해 이런 것을 궁금해하는구나'라는 걸 알 수 있었고 질문에 가장 적합한 인터뷰이를 생각하게 되었습니다. 창의성 영역이 궁금하면 픽사, 데이터 사이언스가 궁금하면 페이스북, 구글과 같은 기업의 데이터 엔지니어 분들을 만나고자 했어요. 상징성이 있는 분들을 찾으려고 노력한 거죠.

페이스북에서 실리콘밸리의 한국인 그룹에 '미디어에는 다뤄지지 않았지만 실리콘밸리의 실상에 대해 이야기를 해주면 내가 콘텐츠로 만들겠다. 실리콘밸리가 흔히 꿈의 공간처럼 여겨지지만 예상과 다른 무언가 있는지 답변을 해달라'고 글을 올렸어요. 사실 답변을 6개 정도밖에 못 받았지만 좋은 답변들이 많았습니다. '실리콘밸리에도 분명 유리천장이 있다' '다양성이 존중받긴 하지만 여기도 다 연줄이 있다' '먹고 사는 게 너무 비싸다' '생활에 돈이 많이 드니 사람들이 점차 바깥 지역으로 옮겨가고 있다' '인재 뽑기가 어렵다' 같은 답이었습니다. 이런 답변들이 저에게 기획 소재가 되었습니다. 테크 업계가 아닌 사람, 임금을 충분히 받지 못하는 사람이 느끼는 실리콘밸리를 한번 다뤄보면 재밌겠다는 생각도 들었고요. 그래서 실리콘밸리의 주방장 이야기를 다뤘는데, 그 콘텐츠 반응도 좋았습니다.

사실 이 콘텐츠들을 보여드리기까지 우여곡절이 많았습니다. 제가 두 달 가까이 미국에 있었는데 한 달 동안 콘텐츠를 하나도 올리지 못했어요. 재정상황이 나빠서 다른 회사 일을 하면서 돈을 버느라 정작 제 콘텐츠를 못 올린 거예요. 그래서 사람들한테 '내가 반드시 9월 14일 저녁 7시엔 업로드를 한다'고 알리기 시작했어요. 이 일을 더 미루면 안 될 것 같았고 쌓아둔 콘텐츠도 몇 개 있어서 어떻게든 될 거라고 생각했던 거죠. 사람들한테 말은 해놨고 이제 이걸 올릴 채널을 파야 하는데 채널 이름이 도무지 생각이 안 났습니다. 그래서 고민하다가 그냥 제 이름으로 했어요. 매체 브랜드를 만들고 싶은 마음도 있었는데 그러면 또 새로운 창업이 될 것 같고, 창업을 했을 때 안 좋았던 기억들이 떠올라서 부담이 됐거든요.

일단 페이스북 페이지에 프로필을 올렸습니다. 처음엔 프로필 사진에 실리콘밸리에서 찍은 사진을 올렸는데 친구들이 아저씨 같다고 해서 로고로 바꿨어요. 로고는 그냥 PPT에서 제 이름 초성을 본고딕 볼드, 자간은 '매우 좁게'로 해서 만들었습니다. 제 이야기를 해야 할 것 같아서 몇 개의 콘텐츠를 업로드했습니다. 그랬더니 구독자분들이 댓글을 달아주셨어요. '이런 회사에 대해 알고 싶다' '이걸 더 깊게 알고 싶다' '조금 더 설명해달라'는 댓글이 많더라고요. 인터뷰 콘텐츠를 배포하고 나서 못다 한 이야기나 설명을 보충해주는 콘텐츠도 개발하게 됐고요. 이런 식으로 '독자 중심'의 콘텐츠를 만들며 채널을 운영했습니다.

　'실리콘밸리는 인력난이 심하고, 인재들의 몸값이 굉장히 비싸다' '실리콘밸리의 데이터, 테크놀로지' 등에 대한 답변들도 다 콘텐츠 소스가 되었습니다. 한국으로 수입해오고 싶은 문화도 많았죠. 실리콘밸리에서는 인공지능에 대해 페이스북의 마크 저커버그랑 테슬라의 일론 머스크가 트위터로 키보드 배틀을 뜨거나 팟캐스트에 출연합니다. 링크드인 창업자가 팟캐스트를 열어서 페이스북의 셰릴 샌드버그 같은 유명 인사를 게스트로 초대해 이야기하고, 실리콘밸리 사람들은 퇴근길에 이걸 듣더라고요. 한국에도 기업가들이 미디어에 많이 나오면 좋겠다고 생각해서 제안서를 만들어 여러 군데에 제안하고 다녔습니다. 다행히 디캠프(D.CAMP)에서 연락을 주셨고, 제작비와 네트워크를 지원해주셨습니다. 기관의 힘을 빌려서 접하기 어려운 사람들을 인터뷰할 수 있었어요. 그런데도 불구하고 거절당했던 사람이 당시 카카오의 대표 임지훈 씨였습니다. 카카오는 무조건 하고 싶었어요. 자포자기할 즈음, 아는 동생이 임지훈 대표가 지금 어느 대학교에 강연을 온다고 이야기를 하더라고요. 그래서 그 동생에게 부탁했습니다.

'넌 대학생이니까 시간을 좀 내달라고 부탁해 봐'라고 하면서 카메라를 냅다 들이밀게 했습니다. 그래서 대학생 동아리가 카카오 이야기를 해달라고 하는 느낌으로 콘텐츠를 만들었고 그게 제 채널에 올라오면서 대박이 났습니다. 지금 생각하면 좀 억척스럽게 했던 것 같습니다. 시즌 1에서 아쉬웠던 방식이나 구체적으로 다루지 못했던 스타트업의 위계조직, 역할, 스톡옵션 등에 대한 심도 있는 콘텐츠를 시즌 2에서 다루면서 지금의 태용 채널로 발전했습니다.

실리콘밸리에 간 1인 크리에이터, 브랜드가 되다

1인 크리에이터를 하면서 콘텐츠 채널을 독자 중심으로 운영했습니다. 독자들의 의견을 적극적으로 수용해 다양한 콘텐츠를 만들었습니다. 그러다 보니 인터뷰이와 구독자를 만나게 하면 구독자의 니즈도 충족하고 돈도 벌 수 있을 것 같아서 오프라인 행사를 열기 시작했습니다. 실리콘밸리에서 봤던 문화를 전달하고 싶어서 맥주를 마시면서 토크를 해보기도 하고 할로윈을 기념해서 분장하고 술을 마시면서 일하는 행사를 열기도 했습니다. 오프라인 행사와 함께 구독자들이 궁금해하는 뒷이야기도 채널에 올리면서 채널을 키울 수 있었습니다.

이렇게 1인 크리에이터로 지내면서 디지털 노마드 같은 자유로운 생활을 이어갔어요. 스타트업이란 시장 자체가 호황이라 시장 안에서 돈이 잘 돌았어요. 덕분에 많지는 않지만 돈을 벌 수 있었습니다. 게다가 회사를 창업했을 때처럼 누군가랑 수익을 나누지 않아도 되니깐 처음으로 적금을 들었어요. 적금을 들면서 이제 3년 뒤를 예측할 수 있겠구나 싶어서 좋았습니다. 하지만 이것도 1년 반 정도 지나니 시들해졌고 혼자 크리에이터 생활을 하는 것에 회의감을 느끼게 됐어요.

1인 크리에이터로 지내다가 팀원들을 수소문해서 지금의 회사를 차리게 됐습니다. 팀을 만들게 된 첫 번째 이유는 제 개인의 지식과 능력으로 이룰 수 있는 것에 대한 한계를 느꼈기 때문입니다. 영상을 만들려면 보통 편당 일주일 정도를 잡아요. 자막 치고 컷 자르고 하는 것들이 굉장히 손이 많이 가요. 콘텐츠 제작도 제작인데 제가 가장 한계를 느꼈던 적이 있어요. 크리에이터 자격으로 사람들과 블록체인에 대해 토론하는 자리에 갔었는데 대화에 못 끼겠더라고요. 콘텐츠 제작에 시간을 쏟느라 정작 저는 흐름을 못 따라가고 있었어요. 앞으로 콘텐츠 퀄리티도 떨어지고, 계속 같은 말을 반복하는 크리에이터가 될 수도 있겠다는 생각이 들어서 지적 초조함을 많이 느꼈어요.

두 번째 이유는 조금 더 잘하고 싶다는 생각 때문입니다. 원래는 인터뷰 콘텐츠를 만들다가 요즘은 약간 다큐멘터리 콘셉트의 인터뷰를 하면서 '규제'와 같은 민감한 부분들을 조금씩 건드리고 있어요. 약 반년 정도 실리콘밸리를 경험하고 한국의 창업가, 투자자를 만나 보니까 제가 실리콘밸리에서 수입해오고 싶었던 것들이 한국에서 구조적으로 어렵다는 걸 깨달았어요. 혼자서 해결할 수 없는 문제들이 생기면서 다른 사람들의 도움이 필요했고 채용공고나 소개를 통해 팀을 꾸리기 시작했습니다.

이렇게 팀원들이 생기니까 제 이름을 딴 '태용'이란 채널 이름을 바꿀까 고민을 했습니다. 동료들이 개인 브랜드를 위해 일하는 느낌이 들면 동기부여도 잘 안 되고 더 큰 의미를 담고 싶기도 해서, 쌓아온 브랜드를 유지하면서 어떤 매체 브랜드, 회사 브랜드로 성장해야겠다고 생각하면서 페이스북에 글을 올렸습니다. '태용'의 티읕과 이응을 알파벳 EO

라고 바꿔보자 그러면 브랜드 자산가치도 유지되고 뜻을 가져다 붙여보니 뜻도 좋은 것 같더라고요. E는 기업가정신(Entrepreneurship), O는 새로운 기회(Opportunities), 이렇게 해서 PPT로 심볼을 만들었고 팀원들도 괜찮은 것 같다고 해서 페이스북에 올렸습니다.

그랬더니 더.워터멜론에서 연락이 왔습니다. 이건 나중 단계여야 하고 중간 단계가 필요하다고 조언해주었습니다. 그래서 새롭게 만든 로고가 있는데, 이건 아직 페이스북에 공개하지 않았습니다. 적절한 시점을 보고 있는데 이렇게 1인 크리에이터였던 태용(EO)이 점차 브랜드로 성장하게 되었습니다.

브랜드, 공동의 이름을 만든다는 것

혼자 일을 하다가 여럿이서 하나의 브랜드를 만들어가는 건 생각보다 어려운 일이었습니다. 제가 제 이름을 걸고 밤낮없이 해왔던 콘텐츠를 다른 사람들과 분담하려니 정말 힘들었습니다. 팀을 꾸리고 3개월 정도는 마이크로 매니징을 했어요. 팀원이 만들어온 결과물이 무언가 마음에 안 들고 다른 사람들한테도 요즘 편집자가 바뀌었냐는 이야기를 들으니까 결국 혼자 해야 하는 건가 싶은 생각도 들었어요. 다들 제 피드백만 기다리고 있으니 팀원들의 성장은 정체되고 저도 피드백만 하다가 하루가 다 가는 거죠. 그러다 보니 팀원들이 성장을 못하더라고요. 그래서 팀 문화를 새로 만들어야겠다고 생각했고, 우리 문화를 익스트림 오너십(Extreme Ownership)이라고 정했습니다.

넷플릭스의 자율과 책임 이런 느낌보다 조금 더 강한 문화를 만들었어요. 스크리닝, 피드백 과정을 최소화하고 스토리 오너가 스토리 완성 및 발행 여부를 결정하는 거예요. 이때부터 마음에 안 드는 부분이 있어도 개개인이 완성됐다고 판단하는 콘텐츠는 그냥 내보냈어요. 그랬더니 좋아요가 500개, 1000개, 어떨 땐 100개 밑으로도 찍히니까 팀원 모두가 더 넓은 시야에서 스토리텔링에 대해 생각하고 빠르게 성장하게 되더라고요.

이렇게 1인 크리에이터나 1인 미디어가 팀으로 운영될 땐 마이크로 매니징을 하는 경우를 많이 보는데, 자율적으로 팀을 운영하는 게 효과적이었다고 생각해요. 팀원들의 만족도도 높았고요. 지금은 혼자 할 때보다 훨씬 가파르고 탄탄한 성장을 하게 되었습니다.

경영을 잘했다기보다는 좋은 팀원들을 만났고, 그들이 먼저 나서서 우리가 성장하고 발전하기 위해 필요한 것이 무엇인지 표현을 잘해주었기 때문에 팀으로서도 안정적으로 성장할 수 있었어요. 돌이켜보면 지금 태용이라는 브랜드는 제가 만든 브랜드 중에서 가장 생각 없이 만든 브랜드였어요. 제가 23세 때부터 약 15개 정도의 브랜드를 만들면서 느낀 게 브랜드 커뮤니케이션에 '자기다움'이나 '애정'이 녹아들지 않으면 금세 망한다는 거예요. 가이드를 만들면 바로 번아웃이 되거나요.

가장 가볍게 만든 태용 브랜드를 많은 분들이 사랑해주는 이유를 생각해보면 이 브랜드를 이루는 모든 콘텐츠에 '순수성' '진정성' '깊이'가 묻어 있기 때문이 아닌가 싶습니다. 돌이켜 생각해보면 1인 크리에이터 태용이 운영한 채널은 철저하게 타깃 독자 중심의 콘텐츠였고 제가 정말 해결하고 싶은, 하고 싶은 일을 녹였던 것 같아요. 많은 분들이 제 성장동력이 되어주셨고 그분들에게 저 또한 더 긍정적인 영향을 드리기 위해 이제 EO라는 브랜드를 성장시키고 있습니다.

02

공간의 힘,
공간 브랜드

플레이스 캠프

단순한 호텔이 아니다

김대우·플레이스 제너럴 매니저
23세에 처음 창업해 1인 기업 창업부터 1만 명 규모의 대기업에 재직하며 다양한 경험을 쌓았다. 덕분에 특별히 못 하는 게 없는 '제너럴리스트'라고 자신을 소개한다. '플레이스'라는 사업을 직접 기획해 제주 성산에 첫 번째 캠프를 론칭했고, 구현하고 싶었던 공간의 초심을 유지하기 위해 총괄책임자로 운영에 참여하고 있다.

"바야흐로 공간의 시대입니다. 단순히 '하드웨어' 차원의 공간은 점차 사라지고, 경험을 줄 수 있는 '콘텐츠', 즉 소프트웨어를 갖추는 것이 공간의 주요 숙제가 되었습니다. 제주 성산에서 시작해 육지로 확장하고 있는 복합 문화 공간 '플레이스(Playce)'는 공간 그 자체의 매력과 쉴 틈 없이 이어지는 다양한 콘텐츠를 통해 공간의 기능 또한 무한대로 확장해가고 있습니다. 그 공간에서 어떤 일이 벌어질지 주목하는 사람들이 많아졌고 호기심은 곧 참여로 이어졌습니다. 이제 플레이스는 공간의 경험이 곧 일상으로 이어질 수 있도록 다양한 것들을 시도하며, 그 공간을 벗어나도 이어질 수 있는 라이프스타일 브랜드로 발돋움하고 있습니다."

제주 성산에서 시작된 플레이스 캠프 제주는 문화공간을 넘어 라이프스타일 브랜드로 도약하고 있다. 플레이스는 2019년 236개의 객실과 6개의 F&B 브랜드, 라이프스타일 굿즈 편집숍, 그리고 다양한 액티비티와 페스티벌을 운영하고 있다.

플레이스가 새롭게 정의한 라이프스타일 '업(業)'

저는 플레이스의 다양한 사업을 총괄하는 운영 책임자이자 플레이스 캠프 제주의 제너럴 매니저(General Manager)로 일하고 있는 김대우입니다. 플레이스는 '라이프스타일 플랫폼'이라고 정의할 수 있습니다. 라이프스타일이란 표현이 광범위하긴 하지만 플레이스는 누구도 반론하기 어려운 '행복'이라는 의미를 채택해 '더 행복해지기 위한 삶의 방향'을 라이프스타일로 보고 있고, 이를 이루기 위한 업을 수행하는 것을 '라이프스타일 업(業)'이라고 생각하고 있습니다. 플랫폼의 관점에서는 행복하게 살기 위해 이것저것 '엮어내는 일'을 수행하는 것으로 보고 '진정성'과 '스마트함'을 주요 가치로 보고 있습니다.

플레이스라는 브랜드 이름은 플레이(Play)와 플레이스(Place)란 단어를 결합해 만들었는데요, 플레이는 라이프스타일 관점에서 선택한 단어입니다. 앞으로 사람들이 성공 같은 외향적 가치보다 내면적 가치에 집중하리라 생각했고, 내면적 가치인 재미와 의미 등을 찾을 수 있는 다양한 경험이 새로운 라이프스타일의 키워드가 되리라 생각해 이 단어를 선택했습니다. 플레이스라는 단어는 말 그대로 '장소'를 의미

하지만 사람들이 모이고, 흩어지고, 다시 모이면서 점차 확장되는 플랫폼이 될 수 있을 것 같아 선택했고, 두 단어를 합쳐 플레이스(Playce)라고 이름을 붙이게 되었습니다. 플레이스가 앞으로 해나갈 일은 고객들이 더 행복한 라이프스타일을 찾기 위해 필요한 것을 제공하는 것입니다. 우선 1만 원에 육박하는 스페셜티 커피 수준의 맛을 5000원이라는 합리적인 가격에 제공하는 카페 도렐(Dorrell), 편하게 술을 즐길 수 있을 뿐 아니라 다양한 콘텐츠를 즐길 수 있는 스피닝 울프(Spinning Wolf), 이탈리안 레스토랑 디토(Dito)와 같은 F&B 브랜드로 새로운 식문화를 제안하고 있습니다.

플레이스 캠프가 제주에서 처음 시작하다 보니 여행객인 고객이 중요했기 때문에 여행객을 위한 숙박시설이 필요했습니다. 보통 숙박시설은 '객실'이 주시설이고 식당·바·연회장 같은 것이 부대시설인데 플레이스 캠프는 다양한 문화를 향유할 수 있는 문화공간이 주시설이고 숙박시설이 부대시설입니다. 플레이스 캠프 성수 8층, 9층, 10층에 있는 코워킹 스페이스는 기업들이 규모가 커지기 전에 사무실 인테리어, 관리 비용 등을 아끼기 위해 잠시 거쳐 가는 공간이 아니라 프리랜서들이 지속해서 일을 할 수 있는 공간을 만들고자 했습니다.

마지막으로 '액티비티'와 '축제'는 플레이스의 모든 공간을 관통하는 중요한 요소입니다. 처음부터 특정 영역으로 제한하지 않고 EDM 페스티벌, 커피 클래스, 요가 클래스, 영화 GV, 버스킹, 전시, 북 페스티벌, 타투이스트와의 토크, 플리마켓 등 다양한 액티비티와 축제를 기획하고 진행해왔습니다. 방금 말씀드린 것들을 매출 단위로 정리해보면 총 8개의 사업을 하고 있습니다.

결국 브랜드는 '나'로부터 시작된다

사실 브랜드의 시작은 '무슨 일을 할 것인가' '무엇을 제공할 것인가'라는 질문에서 출발합니다. '무엇'을 하는지 정하는 것이 정말 중요한데, 그에 대한 제 경험을 말씀드리면 저는 철저하게 '김대우', 즉 저라는 사람으로부터 시작했습니다. 물론 고객의 니즈와 시장성 등을 고려했기 때문에 모든 것을 '나'로 점철시킨 건 아니지만 출발은 제 자신이었습니다.

제 이력을 조금 소개해 드리면, 저는 23세에 창업을 했습니다. 그 뒤 다양한 포지션에서 20년 정도 일을 했는데 창업을 했던 이력 때문에 사업개발, 투자 같은 업무를 많이 맡게 됐습니다. 그 과정에서 사업을 하는 분들을 정말 많이 만났어요. 제가 그분들에게 "왜 사업을 하세요?"라고 물으면 가장 많이 듣는 대답이 "유니콘 기업이 되고 싶어서요" 혹은 "어쩐지 대박 날 것 같아서요"입니다. 이런 분들에게 전 사업을 하지 말라고 말씀드립니다. 왜냐면 사업 전선에서 우여곡절을 겪어보니까 '대박'은 사람이 결정할 수 있는 문제가 아니더라고요. 특히 요즘은 많은 것이 빠르게 변하기 때문에 한순간 대박을 터트리는 것이 거의 불가능합니다.

사업에서 가장 위험한 일은 쉽게 지치고, 질려버리는 거예요. 지치거나 질리지 않고 꾸준히 하기 위해서는 다수의 남들이 좋아하는 것이 아니라 내가 좋아하는 것으로 접근하는 게 맞다고 생각했습니다. 새로운 사업 아이디어를 내보라고 하면 대부분의 사람들이 시장조사를 많이 하고 내가 좋아하는 것보다 다른 사람들이 많이 좋아할 것 같은 걸 중심으로 접근을 많이 하세요. 저는 그걸 부정해보기로 했습니다. 지속성의 측면에서, 경쟁력의 측면에서도 '나'에서 출발하는 것이 중요하다고 생각했기 때문입니다.

사업에 성공하기 위해서는 '나음'과 '다름' 조건이 잘 충족되어야 합니다. 그런데 요즘은 거의 모든 제품이나 서비스가 상향 평준화됐어요. 남들보다 나아지기가 굉장히 어려운 시대인 거죠. 다름에 대해서도 생각을 해보면 요즘 친구들은 남들과 다르기 위해서 기획된 '다름'에 약간의 거부감을 가지고 있어요. 결국 제가 가져갈 수 있는 '다름'은 순수하게 내가 좋아하는 것을 추구하는 과정에서 축적된 다름밖에 없었어요. 그게 축적되어야만 진정성 있는 다름이 형성된다고 생각했고요. 그래서 나로부터 시작해야 한다는 확신을 가지게 되었습니다. 플레이스라는 사업도 철저하게 제 자신으로부터 시작했습니다.

제가 찾은 방향성을 구현하기 위해서는 우선 공간이 필요했어요. 입지 조건을 고민하다가 세 가지의 결론을 내리게 됐습니다. 첫째는 리스크가 낮아야 합니다. 사업을 하면 90% 이상이 망하기 때문에 재기할 수 있게 리스크를 낮추는 게 굉장히 중요하다고 생각했습니다. 둘째는 다수의 사람들에게 빠르게 선보일 수 있어야 합니다. 오랫동안 많은 자본을 들여서 준비했다가 잘 안 되면 리스크는 커져요. 빠른 시간 안에 사람들 다수의 반응을 볼 필요가 있었습니다. 셋째, 공간을 경험한 사람들이 긍정적으로 반응할 수 있어야 합니다. 사업을 하는 데 초기 고객을 만드는 건 정말 중요합니다. 부정적으로 반응하지 않고 사업을 지지하고 응원해줄 분들을 찾아야 했습니다. 제가 회사를 그만두기 전 3년 동안 제주에서 일해서 그랬는지 모르겠는데, 이 세 가지 조건을 만족시키기에 제주도만큼 좋은 입지가 없었습니다.

제주도가 땅값이 올랐다고 하지만 서울에 비하면 10분의 1, 많아도 5분의 1 정도의 가격밖에 안 됐어요. 그건 곧 비용적인 리스크를 낮출 수 있다는 의미가 됩니다. 또 제주도에는 연간 1000만 명의 내국인 관광객과 500만 명의 외국인 관광객이 방문하고 있습니다. 정말 다양한 사람들을 대상으로 우리 공간을 선보일 수 있는 최적의 테스트베드가 될 수 있다고 생각했어요. 마지막으로 제주도는 여행을 위해 가는 곳이에요. 즉, 사진을 찍기 위해 가는 곳인데요. 인스타그램에 사진을 올릴 마음의 준비가 있는 분들이 모이는 곳이죠. 그만큼 저희 공간이 긍정적으로 바이럴될 가능성이 높다고 판단했습니다. 사업을 시작할 때 브랜드 측면에서 더 나은 경쟁력과 의미를 가지려면 '남'이 좋아하는 것이 아니라 내가 좋아하는 것으로부터 시작하면 좋을 것 같습니다.

플레이스가 직원 모두를 인터뷰한 이유

브랜딩에 있어 가장 중요하게 생각했던 것 중 하나는 직원 채용이었습니다. 플레이스의 문화에 공감하고 그 문화를 유지하고 발전시켜나갈 좋은 사람을 뽑는 게 정말 중요한 일이었습니다.

제가 생각했던 서비스업의 이미지는 'Organized but Casual'이었습니다. 플레이스는 고객들을 플레이어라고 부르고 직원들을 플레이서라고 부릅니다. 저는 플레이어와 플레이서 관계가 상하 관계가 아니라 서로 협력하는 관계로 나아가면 좋겠다고 생각했습니다. 그래서 자연스럽게 그 관계를 구축하는 이미지를 캐주얼(Casual)이라는 단어로 구체화하게 됐습니다. 물론 캐주얼이라는 단어 자체가 추상적으로 느껴질 수 있습니다. 그때 떠올린 게 미국 전 대통령인 버락 오바마였습니다. 국민과 자연스럽게 하이파이브를 하거나 기존의 소통법과 다르게 접근하는 오바마의 태도를 보고 잘 정돈되어 있으면서 캐주얼한 이미지를 구체적으로 그릴 수 있었습니다. 사실 오바마처럼 잘 정돈된(Organized) 태도를 캐주얼하게 전달하는 건 정말 어려운 일이지만 장기적인 숙제로 생각하고 다양한 시행착오를 겪으면서 발전시켜갈 예정입니다.

이런 지향점에 맞는 직원들을 뽑기 위해서 플레이스는 '와주세요'라는 태도를 보이는 여느 스타트업과 달리 '아무나 오지 마세요'라는 슬로건으로 채용을 시작했습니다. 처음에 뽑힌 팀원들은 정말 다 기막힌 사연이 있었어요. 그 정도 사연이 있는 사람이 돼야 지원할 수 있다는 콘셉트로 채용을 진행했어요. 실제 일을 해보니까 스펙보다는 스왝이 있는 사람이 플레이스에 더 맞는다는 생각이 들어서 '스펙보다 스왝'이라는 슬로건으로 채용을 하기도 했고요. 플레이스의 결에 더 맞는 사람을 뽑기 위해서 영상 광고를 만들기도 했습니다. 실제 영상을 보고 가슴이 뛴 사람들이 팀원으로 합류했고 제주도라는 지리적 한계도 극복할 수 있었습니다.

플레이스 캠프 제주의 광장에는 사람들이 길게 나란히 앉을 수 있는 연석이 있는데요. 어느 날 도렐 카페 팀장이 이 연석이 좀 허전한 것 같으니 그림을 그려도 되냐고 물어보더라고요. 미풍양속을 해치지 않는 그림이면 괜찮다고 했더니, 그 친구를 시작으로 몇 명이 모여 그림을 그렸습니다. 곧 인스타그램에도 올라왔고 플레이스 캠프 제주의 명소가 됐습니다. 시키지 않아도 플레이스 캠프 안에서 재미를 찾고 플레이스만의 문화와 분위기를 만들어가는 친구들을 먼저 채용하는 것이 브랜딩의 기본이라고 생각했습니다. 그리고 그런 분위기기 게속 형성될 수 있게 최대한 허용해줄 필요성을 느꼈고요.

호텔업에서 직원이 소매를 걷는다는 건 엄청난 혁신입니다. 플레이스 캠프에서는 땀이 나면 소매를 걷을 수 있어요. 눈이 부시면 선글라스를 끼게 해주고 다리가 아프면 킥보드나 보드를 타고 돌아다닐 수 있게 해줬습니다. 처음부터 톤이 맞는 친구를 뽑고 회사와 하나씩 톤을 맞춰가는 것이 브랜딩에 큰 도움이 되지 않았나 싶습니다.

또한 톤 앤드 매너가 맞는 직원을 채용하는 것도 정말 중요했지만, 직원들이 서비스직에 종사하면서 낮아진 자존감을 회복시키는 것도 중요한 과제라고 생각했습니다. 전문 인터뷰어를 섭외해서 전 직원을 인터뷰하기 시작했습니다. 인터뷰 결과물을 블로그에 기사처럼 올렸고요. 외부에서는 그런 걸 왜 하는지 의아해하셨지만, 직원들은 직접 SNS에 자신의 인터뷰를 공유하면서 굉장히 좋아했습니다.

사실 플레이스가 갑자기 대기업의 복지나 문화를 만들 수도 없고 그렇게 한다고 해서 직원들의 만족도가 올라가는 것도 아니잖아요. 그래서 플레이스만의 콘텐츠를 정성껏 아카이빙했고 고급스러운 패키지로 브랜드북을 만들어서 오픈 1주년 기념으로 배포했습니다. 여기에 전문가를 고용해서 고객의 이야기, 직원의 이야기, 사진 등을 넣어 설 명절 전에 배포했더니 집에 많이 가져가고, 그 책 한 권으로 인해 자신감이 생겼다고 합니다. 아직 갈 길이 멀긴 하지만 이런 플레이스만의 문화가 어느 정도 도움이 됐다고 생각합니다.

콜라보레이션으로 다른 브랜드와 '친구' 되기

플레이스 캠프는 브랜드 포지셔닝을 위해 처음부터 다양한 기업과의 콜라보레이션에 공을 들였습니다. 우선 콜라보레이션을 진행하고 싶은 두 개의 기준을 세웠습니다. 우선 플레이스 캠프가 신생기업이니 더 인지도가 높고 자본이 여유로우면서도 플레이스와 결이 맞는 브랜드와 진행하고 싶었고, 두 번째는 유명하지 않아도 추구하는 뜻이 훌륭하거나 멋져서 성장가능성이 큰 브랜드와 함께하자는 생각이 있었습니다.

유명한 기업과 콜라보레이션을 처음 진행한 건 '띵굴시장'이었습니다. 당시 플레이스 캠프에서는 '골목시장'이라는 플리마켓을 열고 있었습니다. 3명의 셀러와 5명의 방문객으로 시작한 작은 행사였는데, 띵굴시장과의 콜라보레이션 이후에는 플리마켓이 셀러 신청(총 75팀 모집)도 더 빨리 마감되고 방문객 수도 눈에 띄게 늘었습니다. 띵굴시장과 콜라보레이션을 할 수 있었던 비결은 띵굴시장이 추구하는 가치에 플레이스도 동참했기 때문이었습니다. '띵굴마님'이 홀트아동복지센터를 통해서 입양했고 실제 그곳에 기부하고 있습니다. 그래서 띵굴시장과 콜라보레이션을 제안할 때도 시너지 창출에 앞서 이와 같은 기부활동에 대한 지지를 먼저 표시하면서 공감대를 형성할 수 있었습니다. 실제 '띵굴시장×골목시장' 행사를 통해 창출한 수익금의 일부도 홀트아동복지회에 기부했습니다.

프라이탁과의 콜라보레이션은 사실 그림의 떡이었어요. 프라이탁은 입점 조건이 정말 까다롭기로 유명한 브랜드이기 때문입니다. 어차피 안 되겠지만 전화라도 한번 해보자고 해서 연락을 했고, 마침 그다음 주에 프라이탁 관계자가 제주도에 출장을 와서 공간에 초대했습니다. 관계자분들이 개성 있는 저희 직원들을 직접 만나고 공간의 분위기를 본 후에 오히려 적극적으로 입점 제안을 해줬고, 현재 제주도에서는 유일하게 플레이스 캠프 제주에서 프라이탁을 판매하고 있습니다.

플레이스 캠프에 입점한 프라이탁은 전국에서 가장 높

은 수준의 단위 면적당 매출을 기록하면서 좋은 관계를 만들어가고 있습니다. 프라이탁 이후에 플레이스 캠프에 편집숍 입점 제안이 무척 늘었습니다.

인스타그램과도 콜라보레이션을 진행했습니다. 페이스북과 인스타그램은 같은 회사인데요. 한국 지부 마케팅 총괄 담당자가 우연히 플레이스 캠프 옆 호텔에 오셨다가 플레이스 캠프를 발견해서 사진을 찍어 올리신 거예요. 제가 그걸 페이스북에서 보고 페이스북 친구맺기를 했고 그 이후 1년 가까이 페이스북을 통해 사업 방향성과 개인적인 취향까지도 서로 교류했습니다. 그 와중에 인스타그램이 소상공인을 응원하는 캠페인을 준비한다는 사실을 알게 되었고, 그 일환으로 인스타그램과 플레이스의 골목시장이 함께 크리스마스 마켓을 열고 제주 소상공인을 대상으로 인스타그램 마케팅 활용 방안에 대한 세미나를 진행하게 됐습니다.

그 인연으로 지난주에는 플레이스 캠프 성수의 스피닝 울프에서 페이스북 행사도 하게 됐고요. 인스타그램과 제휴를 하고 난 뒤에 버드와이저, 룰루레몬과 같은 글로벌 회사와의 콜라보레이션이 굉장히 용이해졌습니다.

진솔하게 축적된 이야기는 브랜딩이 된다

어떻게 보면, 브랜딩에서 가장 중요한 부분은 바로 '진정성 있는 이야기'입니다. 일에 대한 진정성 있는 이야기들을 공유하는 게 브랜딩에 큰 도움이 된다고 생각합니다. 사람들은 이제 돈을 많이 들여서 만든 화려하고 자극적인 크리에이티브에 지쳤습니다. 대신 조금 부족하더라도 진정성이 축적된 이야기는 강력하면서도 질리지 않는 정서를 형성한다고 생각합니다. 저는 이런 정서를 '정취'라고 부릅니다. 특유의 정취를 구축하면 그 자체로 브랜딩이 될 수 있다고 생각해요. 실제 그 방향을 중요하게 생각하면서 일을 진행해왔습니다.

플레이스 캠프가 2015년 3월부터 프로젝트를 시작해 만 2년을 준비해서 오픈했는데, 초기부터 일어난 이야기를 블로그에 연재했습니다. 결국 담당 직원이 다른 마케팅 업무도 겸하면서 지속적으로 연재하는 것을 힘들어해서 연재를 중단하게 되었고, 저라도 대신 해야겠다고 생각했습니다. 원래 저는 페이스북을 그냥 보기만 하던 사람이었는데, 2015년 11월부터 모든 이야기를 올리기 시작했습니다. 직원이 힘들어하는 것을 보면서 '웰메이드' 콘텐츠를 만들려고 신경 쓰면 제가 먼저 지치겠다고 생각해서 부담없이 꾸준하게 글을 공유하는 것으로 시작했고, 나중에 직접 게시글을 포스팅하기 시작했습니다. 그렇게 1년 정도 지나니 친구가 4999명이 되었어요. 그러면서 플레이스 캠프 공식 계정보다 제 개인 계정에 올리는 것이 더 영향력이 커지기도 했습니다. 덕분에 강연도 많이 다니게 됐습니다. 약 50회 정도 강연을 했던 것 같아요. 이 모든 과정이 브랜딩이었다고 생각하고요.

이렇게 이야기를 축적하면서 제가 고민했던 것들을 네 가지만 정리해보겠습니다.

첫째, 플레이스 캠프는 어쩌다 감방 콘셉트의 호텔이 되었나

글로벌 브랜드 호텔에 가면 어딜 가든 객실의 모양이나 유형이 똑같아요. 플레이스 캠프는 숙박이 부대시설이니까 다르게 접근해보자고 생각했습니다. 기존 호텔의 객실을 떠올리면서 마이너스 접근을 했습니다. 최소화의 방향으로만 가면 결국 가격 경쟁력을 갖추는 것밖에 되지 않기 때문에 동시에 강화점을 찾는 것으로 방향을 잡았습니다. 그리고 쉬면서 여정을 마무리하고 또 새로 준비하는 곳이라는 숙박의 본질을 다시 떠올렸습니다.

무엇보다 편안한 공간을 만들기 위해 침구와 매트리스는 5성급 호텔에 들어가는 브랜드와 동일한 제품으로 배치했고, 좋은 풍경을 위해 성산 일출봉이 보이는 입지를 선정했습니다. 남은 여정을 준비하는 데 불편함이 없도록 방마다 와이파이 공유기를 설치했고 곳곳에 콘센트를 충분히 배치했습니다. 플레이스 캠프는 고유한 디자인 감성을 경험할 수 있도록 처음부터 크리에이터들을 고용해서 500페이지의 비주얼 콘셉트북을 만들었고, 실내에 들어가는 소품들도 직접 크리에이티브 디렉터를 통해 제작했습니다. 물론 처음부터 완벽했던 건 아니었습니다. 공간감을 확보하기 위해 화장실을 투명 유리로 만들었는데 '변태 같다, 불편하다' 등의 피드백을 들어서 시트지를 붙일까 생각했습니다. 그랬더니 또 답답해보여 결국, 샤워 커튼을 달아 문제를 해결했습니다.

그리고 여느 숙박시설과 다르게 플레이스 캠프는 천장을 터서 공간감을 확보했는데, 가장 좋은 방음 자재를 썼는데도 불구하고 방음이 잘 안 됐습니다. 왜냐면 천장을 트면서 배관이 지나가는 곳에 틈이 생겨서 소리가 새 나갔기 때문입니다. 천장을 다시 막는 걸 검토했더니 공사 비용이 몇십 억이었고 공사 기간 동안 영업을 못 하는 일이 발생했습니다. 그때 어느 직원이 '귀마개'를 주자고 제안했습니다. 그래서 귀마개를 재미있게 디자인해서 고객분들께 드렸고 이런 작은 소품 하나하나가 SNS에서 회자되기도 했습니다. 또한 습도가 높은 제주의 특성 때문에 객실을 도배하지 않았습니다. 도배를 하지 않을 때 더 쾌적한 환경이 조성되기 때문입니다. 이를 보고 많은 고객분들이 '감옥' 같다고 이야기했습니다. 약 1년 동안은 감옥 같다는 말을 받아들이지 못했어요. 단 한 번도 감옥 콘셉트를 의도하지 않았고 이렇게 받아들여질지 몰랐지만, 이제는 감방 생활 콘셉트로 객실을 운영하는 등 그 콘셉트 자체가 플레이스 캠프 제주만의 브랜딩 요소가 되었습니다.

둘째, 방명록은 커피 쿠폰을 싣고

숙소에서 추억과 이야기를 쌓으면 좋겠다는 측면에서 방명록을 만들어 배치했습니다. 호텔 초기에 방명록은 그냥 '악플 기록장'처럼 사용됐습니다. '새집 냄새가 난다, 화장실이 다 뚫려 있어서 변태 같다, 시끄럽다, 감옥 같다' 등등의 악플이 방명록에 가득했습니다. 하우스키핑 쪽에서는 악플만 있는 방명록을 얼른 없애자고 했습니다. 그런데 호텔리어

출신 분이 100일 정도가 지나면 새집 냄새가 빠지니까 100일만 기다려보자고 하셨어요. 거짓말처럼 100일이 지나고 방명록에 추억과 정보가 담기기 시작했습니다. 누군가 방명록에 적은 글귀와 그림을 SNS에 올리기 시작하니, 다른 분들도 경쟁하듯 방명록을 올리기 시작했습니다.

북 바이 북과 함께했던 북 페스티벌 기간에 커피 쿠폰을 패키지에 넣어드렸는데, 어떤 분이 일찍 체크아웃해서 그 쿠폰을 사용하지 못한 거예요. 그래서 방명록에 '커피 쿠폰을 쓰세요'라고 적은 뒤 쿠폰을 남겨놓고 가셨습니다. 이런 식으로 방명록에는 정말 다양한 고객들의 이야기가 쌓였습니다. 방명록을 수거해 보니 헤어진 사람, 퇴사한 사람, 취직한 사람의 다양한 이야기와 19금 토크까지도 정말 많았습니다. 그래서 플레이스 캠프는 방명록을 주제별로 범주화하고 있습니다. 추후에는 문고판으로 나올 예정입니다. 이렇게 방명록은 처음에는 악플이 달렸지만 곧 추억과 정 그리고 삶의 다양한 이야기가 담긴 소중한 자산이 되었고 그 자체로 브랜딩이 되었습니다.

셋째, 카세트테이프 룸은 어떻게 생기게 됐을까

플레이스 캠프 제주의 편집숍에는 크게 두 가지 아이템이 있습니다. 팔아서 돈을 벌기 위한 것과 플레이스 캠프만의 분위기를 조성하기 위한 것 이렇게 두 가지 종류인데요. 카세트 플레이어 2개가 바로 후자에 속하는 아이템이었습니다. 팔릴 것이란 기대가 전혀 없었어요. 그런데 판매 시점으로 2주 만에 다 팔렸습니다. 모 유명 셰프가 사갔다고 하더라고요. 그래서 무릎을 치면서 '이거다!' 하고 어렵게 제품을 구해서 2대를 더 가져다 놨는데, 아직 팔리지 않고 있습니다.

사실 LP는 지글거리는 아날로그 방식을 느낄 수 있다면, 카세트테이프는 약간 늘어지는 아날로그 방식을 느낄 수 있잖아요. 그래서 이걸 공유하면 좋겠다고 생각해서 객실에 올려뒀습니다. 그리고 페북에 올렸어요. 생각보다 반응이 좋아서 아예 '카세트테이프 룸'이라는 콘셉트룸을 만들었습니다. 카세트테이프 룸을 시작으로 작가·출판사·아티스트 등과 제휴를 해서 17개 정도의 콘셉트룸을 만들어 운영하고 있습니다. 작위적이지 않게 자연스럽게 하나씩 늘려가려고 하고 있습니다.

넷째, 플레이스 캠프가 TV 프로그램 〈동물농장〉에 출연한 이유

저는 선천적으로 개를 무서워합니다. 반경 5m 정도에 개가 오면 얼음이 되는데, 대학 시절 신촌 민들레영토에서 봤던 개가 굉장히 인상 깊었습니다. 공간에 개가 있다는 사실만으로 따뜻하고 온화해 보이더라고요. 그래서 공간을 만들면 꼭 개를 입양해야겠다고 생각했고, 플레이스 캠프를 만들고서 개를 입양했습니다. 아예 새끼를 입양해서 공간과 함께 성장하는 이야기를 기록하면 좋겠다고 생각했습니다. 그래서 직원들끼리 모여 개의 이름을 짓다가 성산일출봉 앞에 있으니 '출봉이'라고 이름을 지었습니다.

기업이 정식으로 개를 키우려면 조건이 까다로워서, 5차 예방접종을 다 시킬 때까지는 개인 가정에서 키워야 해요. 그래서 본부장 직책을 뽑을 때 개를 키우는 조건이 고용조건에 있었습니다. 당시 본부장님도 개를 좋아해서 흔쾌히 허락했습니다. 하지만 출봉이는 두 달 동안 접종 관리를 한 뒤 출근을 이틀 앞둔 날 교통사고로 무지개다리를 건넜습니다. 그 뒤로 개에 대한 이야기가 쏙 들어갔습니다. 그러던 어느 날 저희 로비에 개가 한 마리 찾아왔는데, 직원들이 아무도 쫓아내질 않더라고요. 호텔은 원래 그런 개들이 못 오게 막아야 하는데 귀엽다면서 계속 지켜보더라고요. 그래서 그냥 됐는데 직원뿐 아니라 많은 고객들이 좋아해 주셨습니다.

물론 저처럼 선천적으로 개를 무서워하는 고객들도 있기 때문에 강력한 컴플레인을 받기도 했습니다. 그래서 직원들끼리 회의를 했는데, 그 개를 너무 사랑한 직원이 개를 떠나보내기 싫어서 SBS 〈동물농장〉에 제보했습니다. 호텔에 개가 산다는 주제로 제보를 했던 거죠. 마침 동물농장에서 이 이야기에 큰 흥미를 느꼈고 그 덕분에 플레이스 캠프의 이야기가 담기게 됐습니다. 방송을 계기로 플레이스 캠프가 개를 정식 입양했고요. 입양 전에 개의 주인을 찾기 위한 고지 과정을 거쳤습니다. 강아지용 유니폼도 제작해 입혔고 이제는 정식 가족이 됐습니다.

이렇게 별것 아닌 것 같은 작은 이야기들이 모여서 공유가 되면 추억이 되고, 문화가 되고 또 충분한 브랜딩이 될 수 있다고 생각합니다.

성수연방

공간을 리폼하다

손창현 · OTD 코퍼레이션 대표

자신을 늦깎이 창업자라고 부른다. 건축공학과를 졸업해 10년간 평범하게 직장 생활을 하다가 직접 해보고 싶은 유혹을 참지 못하고 OTD 코퍼레이션을 시작했다. 온라인뿐 아니라 오프라인에도 혁신의 여지가 존재한다고 믿어 '셀렉트 다이닝'이란 개념을 기획해 다양한 F&B 모델을 론칭하였고, 연속적으로 성공시켰다. 라이프스타일에 맞는 새로운 공유 리테일 플랫폼을 만들어가는 비즈니스 리더다.

"이제 대규모 자본만 믿고 기존의 공식을 이용해
찍어낸 획일화된 소비 공간은 사라지고 소비자가
새로운 라이프스타일을 체험하고 소비할 수 있는
공간이 생겨나고 있습니다. 버려진 신발 공장을
개조해 만든 성수연방은 브랜드가 공간을 통해
어디까지 새로운 경험을 창출해낼 수 있는지 무한한
가능성을 보여주고 있습니다. 브랜드에서 공간이
소비자와 직접적인 접점을 가진 플랫폼이라면
성수연방은 그 플랫폼에 브랜드와 소비자 모두의
삶을 담아내고 있다고 할 수 있습니다."

성수연방은 공유 리테일 플랫폼 OTD 코퍼레이션에서 새롭게 선보인 복합문
화공간이다. 이곳은 과거 화학 공장이었던 건물을 복원해 만든 도시재생 프로
젝트의 결과물이기도 하고 경쟁력 있는 스몰 브랜드와 그 구성원들의 이야기
가 담긴 플랫폼이기도 하다.

온라인 시대, 오프라인에서 새로운 혁신의 기회를 찾다

안녕하세요. 손창현입니다. 우선 성수연방을 만든 OTD
코퍼레이션(이하 OTD)에 대해 잘 모르시는 분들이 계실 것 같
이 간단히 소개하고 'From Big to Small'이라는 주제를 가

지고 이야기를 이어가려고 합니다. 현재 밀레니얼 세대의 취향은 어떤지, 왜 빅 브랜드에서 스몰 브랜드의 시대로 변하고 있는지, 이런 흐름에 저희 같은 회사가 어떻게 반응해왔는지 말씀드리겠습니다.

혁신(Innovation)이 뭘까요? 우리가 떠올리는 대부분의 '혁신'은 스마트폰과 관계되어 있습니다. 실제 우리가 많이 쓰는 스마트폰에서 세대 변화가 촉발되었고, 우리가 유니콘이라고 부르는 스타트업들은 온라인과 스마트폰을 기반으로 폭발적인 성장을 해왔습니다. 그렇다면 혁신은 온라인에만 존재하는 걸까요? 저는 아니라고 생각합니다. 모든 것을 다 온라인으로 할 순 없으니까요. 결국 기존에 만들어놨던 오프라인 인프라에 대한 고민을 시작하게 되는데 기존의 인프라에 대한 효율을 높이면서 새로운 기회를 만들 수 있다고 생각합니다. 오프라인이란 관점에서 새로운 혁신이 가능한 것이죠.

최근 건물주들 사이에서는 공실률(Vacancy Rate)이라는 이슈가 커지고 있습니다. 서울을 비롯한 주요 도시의 오피스 공실률은 꾸준히 증가하고 있습니다. 온라인 매장이 활발하게 운영되면서 이마트, 롯데마트와 같은 대형 점포들도 큰 고민에 빠지기 시작했습니다. 이 추세라면 전국적으로 몇백 개가 넘는 할인점들의 미래가 너무 막막해지겠죠. 대형 체인 들은 사람들의 발길을 끌어들일 수 있는 브랜드를 찾아 헤매 고 있지만 쉬운 일이 아닙니다. 반면 개인 사업자, 청년 창업 자, 스몰 브랜드들은 오프라인 매장을 오픈할 자본적인 여유 나 유통에 합류할 수 있는 인프라가 없습니다.

OTD는 이런 상반된 고민을 연결시켜 새로운 기회 를 만들 수 있지 않을까 하는 생각에서 시작하게 되었습니 다. 2014년 OTD가 처음 만든 브랜드는 오버더디쉬(Over the Dish)라는 브랜드입니다. 그래서 다들 OTD가 오버더디쉬 의 줄임말이라고 생각하시는데 OTD는 '새로운 세상을 열 자(Open The Door)'의 약자입니다. 오버더디쉬 다음에 론칭 한 브랜드는 파워플랜트(Power Plant)입니다. 이후 많은 분들 이 사랑해주시는 큐레이팅 서점 공간 아크앤북과 라이프스 타일 브랜드 띵굴 스토어 같은 공간을 지속적으로 키워가고 있습니다. 미디어에서 큰 주목을 받고 있진 않지만 마켓로거 스(Market Locus)라는 브랜드도 큰 성장세를 보입니다. 마켓 로거스는 원래 스타필드 지하 한편에 오픈을 했었어요. 로컬 맛집을 콘셉트로 한 푸드코트인데 오픈 이래로 평당 매출이

가장 좋았고 매년 10% 가까이 성장하면서 이마트 트레이더
스와 같은 국내 할인점들과 손잡고 발길을 끊은 손님들을 다
시 매장으로 이끌고 있습니다.

이처럼 OTD는 온라인 분야가 아니라 오프라인 분야
에서 가치를 올리는 역할을 하는 플랫폼입니다. 사업을 처
음 시작할 때 빈 공간에 음식점을 큐레이션한 셀렉트 다이
닝(Select Dining)이란 개념을 기획했고 사람들의 발길이 뜸해
진 건대 스타시티몰에서 셀렉트 다이닝 플랫폼 오버더디쉬
를 열었습니다. 사실 처음 시작할 땐 저희도 반신반의했어
요. 오픈 후 3주 동안은 사람들이 아무도 오지 않았습니다.
저희가 입점했던 건대 스타시티몰은 상업적으로 불리한 구
조였어요. 보통 복합 상업시설을 만들 때 사람들을 불러들이
기 위한 핵심 수단으로 멀티플렉스 영화관을 입점시키는데
요. 전문가들은 이 멀티플렉스를 상업시설의 최상층이나 최
하층에 넣어요. 최상층에서 영화를 보고 내려오면서 소비를
하거나(포크효과) 최하층에서 영화를 보고 다른 층에 올라가
면서 소비(분수효과)를 하게 유도하는 것입니다.

근데 건대 스타시티몰은 영화관을 건물의 중간층인 2층
에다 넣었어요. 이 구조는 영화관 위층인 3층은 절대 망할 리

없다는 오락실마저 망하게 만드는 부정적인 효과를 불러왔습니다. 오버더디쉬는 바로 그 불운의 자리 3층에 입점을 한 것입니다. 오픈하고 3주 동안 사람들이 안 오니깐 다급하고 절박한 마음에 보안요원의 눈을 피해가면서 제가 직접 전단지를 나눠주고 그랬습니다. 하지만 딱 3주가 지나니 사람들로 문전성시를 이뤘어요. 사실 이 공간은 대기업인 롯데그룹에서도 해결책을 내지 못했던 400평 남짓의 공간이었는데 오버더디쉬란 콘텐츠가 들어서면서 분위기가 완전히 반전되었습니다. 셀렉트 다이닝이란 콘텐츠가 공간을 완전히 바꿔놓는 데 성공한 거죠. 이후 많은 대기업 관계자들이 벤치마킹을 위해 매장을 방문하시면서 회사도 성장 가도를 달리게 되었습니다.

빅 브랜드에서 스몰 브랜드의 시대로

잠깐 동화 《백설공주》 이야기를 해볼게요. 어릴 적 백설공주를 보면 백설공주는 절대 선에 가깝고 계모인 여왕은 절대 악이라고 생각했어요. 근데 이제 와서 다시 보면 여왕 캐릭터가 굉장히 인간적이라는 생각이 들더라고요. 너무 완벽한 백설공주보다 콤플렉스를 갖고 매일 거울을 향해 '누가 가장 예쁘니?'를 물어보는 여왕이 더 현실적이더라고요. 지금 제 모습을 반영하는 것도 같고요.

제가 500억을 투자받은 스타트업 대표라고 하면 굉장히 좋아 보이잖아요. 미디어에 비치는 모습도 정말 멋지고요. 근데 사실 CEO는 회사 가면 '은따'거든요. 다들 재미있는 이야기를 하다가도 저만 들어가면 조용해져요. 그러다 보면 '내가 지금 잘하고 있나?' '너무 많은 시간을 일만 하는 걸까' 하는 생각이 들어요. 여러분들도 다 백설공주에 나오는 여왕처럼 자신을 돌아보는 시점이 있으실 텐데요. 우리에겐 여왕이 가진 마법 거울이 없습니다. 그럼 뭘 보면서 우리의 자아를, 불안정한 정체성을 위로받고 있을까요? 바로 스마트폰, SNS입니다. 먹는 것, 입는 것, 삶의 많은 부분들을 SNS에 올리고 있습니다. 내가 살고 싶은 혹은 남들과 다른 나의 허상을 만들어내는 공간이죠.

제가 대학생 때만 하더라도 소위 '잘나간다' '트렌디하다'의 기준은 이대 앞에 가서 스타벅스를 마시고, 압구정동 TGIF에서 메뉴 몇 개 먹어보면 충족시킬 수 있었어요. 근데 지금은 어떨까요? 이제 더 이상 스타벅스에 가고, TGIF에 가고, 유니클로에서 쇼핑한 것을 SNS에 올리는 것으론 좀 부족해 보입니다. 셀렉트 다이닝은 이런 밀레니얼 세대의 심리를 잘 반영하고 있습니다. 게스트로노마드(Gastronomad)란 개념이 있는데요. 이건 미식과 방랑자의 키워드가 합쳐진 표현입니다. TV쇼에서 예쁘게 차려입은 20~30대 여성들이 아재들이 갈 것 같은 식당에서 해물찜을 먹는 것이 대표적인 예시예요. 남들이 다 가는 프랜차이즈에 가는 것이 아니라 남들이 발견하지 못한 맛집을 찾고 남들과 차별화된 무언가를 보여줄 수 있는 소비를 하기 시작한 거예요. 근데 남들이 하지 않는 독특한 걸 찾으면서도 공감받고 싶은 게 사람들의 심리잖아요. SNS에 올려서 취향이 비슷한 사람들끼리 모이게 되죠.

밀레니얼 시대의 특징을 면밀하게 살펴보면 정말 복잡합니다. 드라마 〈응답하라〉 시리즈의 성공 비결에는 여러 가지 이유가 있겠지만 많은 분들이 드라마를 보며 향수에 젖어 들었습니다. 그들이 향수에 젖었던 시대에는 '행복'이라는 개념이 지금과 많이 달랐습니다. GDP가 1만 달러를 넘어갔던 시대엔 행복이 그렇게 복잡하지 않았습니다. 돈 벌면 아파트 사고, 돈을 더 벌면 자가용 사고, 에어컨, TV를 사고, 더 여유 있으면 애니콜을 사고요. 드라마를 보시면 아시겠지만 집집마다 들이는 가구도 다 비슷했어요. 살림살이도 거의 비슷했죠. 게스 청바지를 입고 거리를 걷다가 또 다른 게스 청바지 입은 사람을 마주치면 '역시 쟤도 멋을 좀 아네'라고 생각했어요.

지금은 어떤가요? 똑같은 옷 입은 사람 마주치면 옷 갈아입으러 집에 가고 싶죠. 절대적 빈곤이 사라지니 나를 표현하는 무언가도 복잡해진 것입니다. 그게 결국 내가 소비하는 '브랜드'로 발현되게 된 것이죠. 뭔가 개성 있고 독특하고, 차별화된 사람이 되고 싶은 것입니다. 예를 들어 한참 킨포크가 유행할 때 SNS 보면 카페에서 커피 한 잔, 킨포크 잡지 하나 두고 사진 찍은 게시물이 많이 올라왔죠? 여유로운 삶을 즐기면서 전원생활을 하는 킨포크적 느낌을 공유하고 싶었던 거죠. 이케아나 북유럽의 휘게(Hygge)스러운 삶을 공유하기도 하고요. 소득 수준이 1만 달러를 넘어 3만 달러에 다다른 지금 소비 시장에서는 브랜드가 아닌 '라이프스타일'을 이야기하기 시작했습니다.

스몰 브랜드의 두 가지 성공 요인: 로컬과 스토리

좋은 브랜드가 뭘까요? 말씀드린 것처럼 누구나 똑같은

브랜드를 소비하던 시대는 지나갔습니다. 제가 어릴 땐 맥도날드에서 생일파티를 하면 부자였는데 요즘엔 아니죠. 이젠 대중적(Mass)인 것에서 독특한(Unique) 것으로, 양에서 질로 브랜드를 선택하는 기준이 바뀌고 있습니다. 이미 수요는 공급을 넘어섰고 무언가 생산되었다고 바로 소비가 되는 시점이 지난 것입니다. 개인의 취향이 반영되고 그것이 질적인 차이를 만드는 세대가 온 것입니다.

재미있는 예를 들어볼게요. 제가 전에 딜로이트에서 재무 자문을 담당했습니다. 그때 주된 업무 중 하나가 부동산의 가치를 측정하는 일이었어요. 그 회사가 얼마 버는지 알아보기 위해 수입 환원법을 써서 가치를 매기는 건데요. 우리가 잘 아는 스타벅스보다 아직 우리나라에 입점하지 않은 블루보틀이란 카페의 수입 환원율은 스타벅스의 2배가 넘었습니다. 블루보틀은 커피계의 애플로 알려져 있는데요. 글로벌 기업 네슬레의 투자를 받아 전 세계에 걸쳐 그 규모를 확장해가고 있습니다. 〈응답하라〉 시리즈 시절의 관점으로 블루보틀을 보면 네슬레의 투자에는 문제가 있어 보입니다. 네슬레가 투자할 당시 블루보틀 매장은 전 세계에 50여 개밖에 없었거든요. 하시만 스디벅스와 블루보틀의 매장당 가치를 분석해보면 세계 어딜 가나 볼 수 있는 스타벅스의 매장 당 가치가 블루보틀의 3분의 1밖에 안 됩니다. 이렇게 매장을 많이 가졌던 빅 브랜드에서 스몰 브랜드로 넘어갈 수 있는 원동력은 무엇일까요? 우리나라 사람들이 왜 뉴욕, 도쿄에만 가면 블루보틀 매장을 찾아 헤매는 걸까요?

현재는 아마존에 인수되었지만 홀푸드마켓(Whole Food Market)도 스몰 브랜드의 힘을 잘 보여주고 있습니다. 그들의 핵심 메시지를 살펴보면 '로컬(Local)'과 '스토리(Story)'가 있습니다. 이 두 단어는 엄청난 힘을 가지고 있어요. 로컬은 글로벌 스탠더드에 반하는 단어입니다. 사람들이 무엇을 필요로 하고 어떤 걸 소비하고 있는지 파악할 수 있을 때 로컬이란 단어를 쓸 수 있습니다. 스토리란 단어는 '진정성'과 맞닿게 됩니다. 예를 들어 설명해볼게요. 방유당이란 참기름 브랜드에 대한 이야기입니다.

한 아버지가 전라도에서 오랜 시간 방앗간을 운영하면서 딸을 키웠어요. 딸은 그 돈으로 좋은 대학에 가서 디자인과 마케팅을 전공하고 직장생활을 하면서 살았죠. 하지만 이제 좋은 대학 나와서 대기업 들어가서 집 사고, 차 사면 행복하던 시대가 지났어요. 이 따님도 그런 걸 느낀 거죠. 대기업을 갔더니 생각했던 게 아니고 우울하고 불행한 거예요. 저처럼 일 욕심 많고 무언가 주도적으로 하고 싶은 사람은 불행해지죠. 이분도 그런 마음이 들어서 회사를 때려치우고 아버지가 운영하셨던 방앗간을 잇겠다고 생각했습니다.

물론 아버지가 운영했던 방앗간을 그대로 물려받은 게 아니라 판교의 로스터리 카페처럼 카페 중앙에 참기름 짜는 기계를 멋지게 전시해놓고 로스터리 코너를 만들었어요. 직접 짠 참기름을 이용해서 한식 전문가가 한식 브런치를 만드는 프로그램도 기획하고요. 무엇보다 방유당이라고 적힌 멋진 병에 참기름을 팝니다. 브랜딩을 한 겁니다. 전엔 오뚜기 참기름과 방앗간 참기름이 있으면 사람들이 대부분 오뚜기 참기름을 골랐어요. 그게 더 위생적이라고 생각한 거죠. 이젠 방유당 참기름을 선택하는 사람이 오뚜기 참기름의 3~4배가 넘습니다. 없어서 못 팔 정도죠.

복순도가라는 막걸리 브랜드도 마찬가지입니다. 원래 막걸리는 맥주보다 싸게 팔리는 술이었는데 엄마가 빚던 정성스러운 막걸리를 '복순도가'라는 브랜드로 만들었습니다. 복순도가는 발효 공장에 굉장히 의미를 둬요. 공장을 지을 땐 마을 커뮤니티와 넌걸시기는 콘셉트를 가지고 하나하나 영상으로 기록을 남기면서 지었어요. 이젠 그 공장에서 생산된 효모로 화장품도 만들고 있죠. 싸게 팔리던 막걸리가 브랜딩을 거쳐 샴페인보다 비싸게 판매되고 있는 거죠. 복숭아 병조림도 마찬가지예요. 전에 복숭아 통조림은 술안주, 품질이 떨어지는 과일을 모아 만든 제품으로 생각했는데 이 병조림은 판매하자마자 완판이 됩니다. 진짜 복숭아 식감이 살아 있고 오래 보관도 가능해서 인기 상품이 되었어요. 이분도 어머니가 돌아가신 후에 작은 공장이 문 닫는 게 마음 아파서 부부가 함께 지방으로 내려가 새로이 운영을 시작했습니다.

이런 식으로 SNS가 없었을 때 소비자들이 유통망에 우위를 가졌던 대기업의 제품만 소비했다면 이젠 오히려 소비자들이 생산자들을 자극해서 제품을 바꿔가고 있어요. 빵집을 예로 들어볼까요? 전엔 파리바게뜨나 뚜레쥬르가 동네에 생기면 동네 빵집은 다 망했어요. 이젠 어떤가요? 소위 '빵집 순례'라고 하면서 이성당 빵을 먹으러 군산에 가고 스코프 스콘을 사러 서촌에 가고 송리단길에 가서 라라 브레드 빵을 사 먹어요. 이제 대형 유통 체인에서 발 벗고 소비자가 원하는 브랜드를 입점시키려고 노력하고 특별전을 여는 시대가 되었습니다. 균일화되고 대량 생산되는 게 미덕이던 시대에서 변화를 맞게 된 것입니다.

전국 4000여 개 동네 빵집과 소비자를 연결하는 방법

원래 성수연방이 들어선 자리에 OTD의 사옥을 지으려고 했어요. 근데 그 건물을 딱 보는 순간 너무 좋은 아이디어가 떠오르는 거예요. '우리가 이곳을 사옥으로 쓰면 우리끼리는 정말 좋겠지만 더 많은 사람들이 이용하게 하는 게 우리의 미션이 아닐까?'라는 생각으로 용기를 내서 만들기 시작했습니다. 당시 제가 마켓컬리의 김슬아 대표하고 굉장히 많이 교류할 때였어요. 초기에 마켓컬리가 성공한 이유는 샛별 배송이 아니라 마켓컬리가 제공한 '리패킹(Repacking)' 서비스 때문이었습니다.

기존의 할인점이나 마트에서 볼 수 없는 독특한 브랜드의 식품을 한 번에 받아볼 수 있는 서비스인 것입니다. 배민 라이더스가 맛집의 음식을 하나씩 배달해준다면 마켓컬리는 여러 맛집의 음식을 하나로 패키징해서 배달해준다는 것인데요. 이건 이커머스와 물류 모두의 관점에서 큰 변화를 가져왔습니다. 진화한 거죠. IT라는 기술을 통해 효율적인 시스템을 구축한 것입니다. 인디깝게 이 방식은 정부 규제로 인해 어려움을 겪었어요. 마켓컬리가 제품을 다시 리패킹하는 것을 '제조'라고 해석한 것입니다. 그래서 일부 브랜드의 제품을 판매할 수 없게 된 것이죠.

거기서 비롯된 콘셉트가 '성수연방' 프로젝트였습니다. 또 저희가 '동네빠앙집'이라는 브랜드를 론칭합니다. 플랫폼 개념의 베이커리 공장인데요. 10여 개 정도의 소규모 빵 브랜드를 모아 이마트에 빵집을 입점하려고 합니다. 이제 소비자가 사 먹고 싶은 건 프랜차이즈 베이커리의 빵이 아니라 10평 미만 규모의 개인 브랜드 빵입니다. 근데 이분들이 빵을 대량으로 생산하긴 어려워요. 공장이 돌아가려면 어느 정도 볼륨이 필요한데 소규모 기업들은 규모가 안 되거든요. 저희가 그 브랜드를 모아서 최소한의 규모를 만들어드리는 역할을 한 것입니다.

이건 전국에 있는 4000여 개의 동네 빵집이 이마트 유통망과 연결되는 거대한 생태계를 만드는 프로젝트입니다. 띵굴 역시 비슷한 관점을 가지고 있습니다. 단순히 '띵굴마님'의 취향을 체험하기 위해 오는 곳이 아니라 괜찮은 스몰 브랜드가 모이는 곳이라는 인식이 생기기 시작했습니다. 띵굴 스토어가 롯데월드몰에 오픈했어요. 자리가 굉장히 안 좋기도 했고 제일모직에서 들여온 스웨덴 라이프스타일 브랜드 그라니트도 입점했어요. 근데 저희가 2.5배 더 많은 매출을 냈어요. 스몰 브랜드의 합이 대기업에서 들여온 브랜드 파워를 넘어선 거죠.

성수연방에도 스몰 브랜드가 더 많은 물건을 생산할 수 있게 돕는 공유 공장을 만들었습니다. 스몰 브랜드 하나였다면 불가능했겠지만 여러 개의 스몰 브랜드가 힘을 모으면서 가능해진 일입니다. 우리는 진정성 있는 상품이 브랜드가 되도록 최대한 돕고 있습니다. 저희가 '생산'을 주력으로 하는 회사는 아니라 그 규모가 크진 않지만 스몰 브랜드가 더 많은 수요를 내서 단단한 브랜드로 도약하는 것을 서포트하고 있습니다. 셀렉트 베이커리 숍 동네빠앙집을 통해 빵집 4000여 개를 소비자와 연결하는 생태계를 만들어가는 것과 비슷한 맥락이라고 볼 수 있습니다.

취향을 넘어 삶의 이야기를 경험하는 공간으로

건축에서는 다양한 방식으로 '보존'이 이루어집니다. 첫 번째는 단순히 '보존만' 하는 겁니다. 경복궁 같은 문화재가 대표적인 예입니다. 다음은 물리적으로 건물을 보존하면서 그 안의 콘텐츠를 바꾸는 것입니다. 트루먼이라고 제2차 세계대전 때까지만 하더라도 이곳은 세계에서 가장 큰 규모의 맥주 공장이었어요. 근데 시대가 지나면서 버려지게 됐어요. 지금은 그 원형은 그대로 보존하고 그 안에서 매번 새로운 이벤트를 열고 있어요. 여러분들이 잘 아시는 대림창고도 마찬가지죠. 평소에는 카페로 있다가 다양한 이벤트가 열립니다. 여기서 한 단계 더 나아가는 것이 물리적으로 건물을 보존하되 실제 살아 있는 프로그램이 접목되는 것입니다. 루브르박물관에 이오 밍 페이라고 하는 건축가가 만든 유리 피라미드를 예로 들 수 있겠죠. 한국에서는 부산의 F1963을 예로 들 수 있을 것 같습니다. 대림창고에서 한 발 더 나아간 형태라고 보시면 되는데요. 건물 안에 책방, 레스토랑, 카페도 있고 철근, 철선을 만들던 고려제강 원 건물의 모습도 잘 보존하고 있어요. 안타까운 건 원 건물의 흔적이 인테리어 요소로만 남아 있다는 것입니다.

그래서 성수연방은 여기서 한 발 더 나아가야겠다고 생각했습니다. 제가 개인적으로 울림을 받았던 건물은 노먼 포스터란 세계적인 건축가가 만든 베를린의 국회의사당 건물이었어요. 독일 사람들은 이 건물을 라이스닥(Reichstag)이라고 불러요. 처음 이 건물을 보고 '국회의사당 건물에 유리 돔 하나 얹은 게 뭐가 대단해?'라고 생각했어요. 하지만 우연한 기회에 그 건물에 가게 됐는데 생각보다 훨씬 큰 울림을 받았습니다. 건물 위에 있는 유리 돔이 꼭대기에서 깔때기처럼 내려와서 실제 국회의원들이 의정활동을 하는 홀까지 이어져 있어요. 유리 돔이라 자연광이 깔때기를 따라 아래 국회의원들이 일하는 홀로 떨어지고, 비가 오면 빗물이 깔때기에 모이는데 홀 안에 그 빗소리가 퍼지게 되어 있어요. 돔이 유리로 되어 있어서 사람들은 국회의원들이 활동하는 걸 볼 수 있고, 국회의원들은 깔때기를 통해 위에서 사람들이 하는 소리를 다 듣게 설계되어 있어요.

이런 장치들이 사람들로 하여금 새로운 경험을 유발했습니다. 국회의원은 국민 위에 군림하는 사람이 아니라 국민들을 위한 서비스를 제공하는 사람들이니 부끄럼 없이 일해야 한다는 메시지를 끊임없이 주는 것이죠. 저도 어렸을 땐 시각적인 아름다움만 추구했다고 한다면 나이가 들고 새로운 경험을 하게 되니까 장소가 갖는 의미와 기능이 디자인적으로 해석되고 연결될 때 그 가치는 엄청난 감흥을 불러일으킨다는 걸 깨닫게 되었습니다. 그래서 성수연방을 그런 장소로 만들었으면 좋겠다고 생각했고요.

　예전에는 공간은 어떤 '기능'을 수행하기 위한 곳이었어요. 20세기가 만든 사고방식이죠. 단적인 예로 마르세유 궁전에 가면 화장실이 없어요. 그리고 복도가 없어서 어딜 가려면 방과 방을 지나야 해요. 뭔가 이상하죠? 근데 당시엔 그게 전혀 이상한 일이 아니었습니다. 우린 오피스 큐비클에도 굉장히 익숙해요. 저도 대기업에 다닐 때 큐비클 하나에 자리 잡고 있었어요. 큐비클은 근대 시대에 빌딩을 효율적으로 사용할 수 있는 솔루션이었어요. 어느 정도 개인 프라이버시도 보장되고요. 근데 저 시스템의 문제점은 그 안에 있는 사람들의 삶을 하나도 들을 수 없다는 것입니다. 라이프스타일이 전혀 느껴지지 않아요.

　전에는 호텔 하면 힐튼, 하얏트, 쉐라톤 같은 글로벌 스탠더드의 호텔을 떠올렸어요. 한 호텔에 가면 샴푸, 비누부터 베드 사이즈까지 균일화된 서비스를 받았어요. 근데 지금은 어떻죠? 에어비앤비에서 파리지앵의 라이프를 하루라도 느껴보기 위해 돈을 쓰고 디자인이 독특한 부티크 호텔을 예약합니다. 리테일 부분도 마찬가지로 변하고 있어요. 연남동의 로스터리 랩이 대표적이죠. 사실 스타벅스는 자판기 커피예요. 전자동으로 나오죠. 사람 손으로 미세하게 만지는 스페셜티 커피가 아니에요. 이젠 스타벅스에서 블루보틀로 사람들의 감성이 변화하고 있습니다. 그래서 성수연방은 공유 생산의 개념에 대해 깊은 고민에 빠졌어요.

그랬더니 중세 시대의 성이 떠오르더라고요. 성수연방의 로고는 방패 모양입니다. 마치 중세 시대의 가문과 성을 상징하는 것과 비슷한데요. 저 방패 모양 안에 어떤 아이콘을 어떻게 배치하냐에 따라 새로운 조합이 될 수 있게 기획했습니다. 성수연방에서는 중세 시대의 성에서처럼 생산과 소비 그리고 유통을 한 번에 경험할 수 있고 휴식을 취하며 삶을 느낄 수 있습니다. 아크앤북에서 책을 읽으면서 샤오짠이란 만두를 빚는 모습을 지켜볼 수 있고, 샐러드바처럼 재료를 골라서 담아가면 그 자리에서 원하는 소시지를 빚어주는 공장도 체험할 수 있습니다.

성수연방은 이제 고객과 함께 '생산'에 대한 이야기부터 시작할 수 있는 차별점을 가지고 있습니다. 또 가치 있는 스몰 브랜드를 발굴하는 것을 넘어 스몰 브랜드가 함께 연대하고 성장해가는 방식을 끊임없이 고민해 나갈 것입니다.

03

오래된 것의 매력,
장수 브랜드

모카골드
오래되었지만 좋은 것들

고은혁·동서식품 마케팅팀 과장
2006년에 동서식품에 입사하여 미디어 매니저 및 맥심 화이트골드 브랜드 매니저를
거쳐 2015년부터 맥심 모카골드 브랜드를 맡았다. 다양한 경로를 통해 소비자에게
브랜드의 가치를 전달하기 위해 노력 중이다.

김소예·제일기획 프로
2008년 광고회사 오리콤에 AE로 입사하여 HSAD를 거쳐 2017년부터는 제일기획에
서 근무하고 있다. 건강한 브랜딩을 위해 늘 고민하고 솔루션을 찾아 제시하는 일을
하고 있다.

"젊은 세대들에게 부장님 커피, 부모님 커피로
여겨지는 커피가 있습니다. 바로 30년 동안 국민
커피로 사랑받은 동서식품의 '모카골드'입니다.
맥심 모카 골드는 젊은이들에게 올드하고 지루한
브랜드로 여겨집니다. 이러한 변화 속에서
모카골드는 스스로 역사가 오래된 브랜드라는
사실을 외면하지 않고, 오래되었지만 좋은
것들(Oldies but Goodies) 이라는 테마로 고객에게
새롭게 다가가고 있습니다."

맥심 모카골드는 1989년에 태어나 30년 동안 전 국민의 사랑을 받아온 국민
커피로 최근에는 더 젊고, 더 많은 사람들에게 브랜드의 가치와 철학을 공유
하기 위해 경험 마케팅과 콜라보레이션 등 다양한 활동을 펼치고 있다.

세대별로 달라지는 '커피 라이프'에 대하여

　　Be my B 1976년, 동서식품에서 맥스웰하우스라는 브
랜드의 커피믹스를 세계 최초로 출시했습니다. 그런데 1989
년에 모카골드라는 브랜드를 새로 만든 이유가 뭔가요?

고은혁 모카골드라는 브랜드가 탄생하기 전에는 맥심 오리지널이라는 알갱이 형태의 커피가 있었어요. 커피믹스도 존재했죠. 그런데 요즘 흔히 쓰는 기다란 막대 모양이 아니라 네모난 파우치 형태의 제품이었어요. 대중적으로 인기를 끈 것은 아닙니다. 당시 소비자는 '알갱이 커피'를 병 또는 봉투에서 덜어낸 뒤 설탕, 프리마를 더해 각자의 레시피대로 마시고 있었죠. 그런데 사람들 입맛이 계속 변하면서 커피 취향도 변했어요. 조금 더 마일드한 쪽으로 부담 없고 부드러운 걸 선호하게 됐죠. 커피도 다른 식품과 마찬가지로 트렌드를 따라가게 되는데, 사람들 취향이 변하다 보니 모카골드 마일드라는 커피를 다시 브랜딩하게 된 겁니다. 이 변화에 맞춰 모카골드를 출시했죠.

Be my B 모카골드 브랜드가 론칭된 89년이라는 시점이 재밌어요. 90년대로 넘어가면서 이전에는 굉장히 치열한 학생운동을 하던 386세대의 가치가 무너지고, 대중문화가 더욱 발달하면서 소비 지향적이고 자유분방하고 개인적인 욕망을 더욱 중시하는 X세대가 등장하던 때였어요. 모카골드를 즐기고 또 모카골드와 커뮤니케이션하는 고객들의 라이프스타일도 크게 변화했는데, 지난 30년 동안 모카골드 브랜드의 변화로는 어떤 게 있을까요?

고은혁 기본적으로 제품의 본질은 변하지 않았어요. 그렇지만 조금씩 소비자들 삶에 밀착하려고 노력해온 것 같습니다. 1989년 모카골드가 갓 태어났을 때는 알갱이 커피의 형태가 대중적이었어요. 그런데 90년대 후반에 IMF가 오면서 기존에 커피를 타주시던 분들이 사무실을 떠나 나이 든 분들은 스스로 배합을 맞춘 커피를 타드시기 어려워했고, 그 와중에 정수기가 보급됐죠. 그 당시 여러 변화들이 맞물려서 모카골드 마일드라는 커피믹스 제품이 주목받게 되었어요.

Be my B 커피믹스가 등장하기 이전에는 커피·프림·설탕 배합도 사람마다 달랐잖아요. 그런데 커피믹스는 누가 타는지에 관계없이 기본적으로 맛있다는 장점이 있어요. 그런데 젊은 세대에게는 부모님 세대, 부장님 세대가 먹는 커피라는 인식이 남아서인지 많은 장점에도 불구하고 주목받지 못했다고 생각해요.

고은혁 그게 바로 경험의 차이예요. 지금 커피믹스의 '핵심 유저'라고 일컬어지는 40대, 50대분들이 인생에서 처음 커피라는 음식을 접했을 때 경험했던 건 사실 대부분 맥심, 테이터스 초이스 같은 인스턴트 커피 종류였어요. 그런데 지금의 20~30대분들이 처음 접하는 커피는 그런 종류가 아닙니다. 또 인스턴트 커피는 어릴 때 부모님이 마시던 기억 때문에 내가 마실 커피보다는 어른들의 커피라고 생각하게 되는 거죠. 그리고 성인이 되어서야 본격적으로 커피를 소비하고, 커피 취향을 찾아가게 되잖아요. 저희는 그 시점이 대학생 시절이라고 봅니다. 그런데 대학생 시절에는 커피믹스를 접하는 게 쉽지 않아요. 그러다 보니 커피를 처음 접하는 경험을 길거리에 있는 많은 카페들에 넘겨준 것이 결정적인 차이가 아니었나 생각합니다.

Be my B 스타벅스가 우리나라에 처음 들어온 게 1999년이에요. 이대 앞에 1호점이 오픈할 때, 새벽부터 사람들이 줄을 섰어요. 마치 성수동에 블루보틀 1호점이 오픈할 때처럼요. 그 이후 젊은 세대들은 아메리카노를 더욱 친숙한 커피로 경험하게 됐고, 믹스커피를 접할 기회가 줄었던 것 같아요. 그런데도 불구하고 모카골드는 젊은 세대와 소통하려는 노력을 많이 해왔어요. 카카오와 협업하기도 했는데, 어떤 활동을 했나요?

고은혁 저희는 사실 20대, 30대분들에게 저희의 사활을 걸고 있다고 해도 과언이 아닙니다. 마케팅 전략을 수립할 때도 '코어 타깃'과 '전략적 가치 타깃' 두 가지로 잡거든요. 코어 타깃은 어떤 특별한 커뮤니케이션 활동이나 프로모션을 하지 않아도 지속해서 제품을 구매해주시는 분들이죠. 전략적 가치 타깃은 저희가 뭔가를 하지 않으면 제품을 이용하지 않는 분들이에요. 의도하지 않았지만 두 타깃이 연령대로 나뉘어요. 코어 타깃은 40대 이상의 중장년층이고, 저희가 탐구하고 발굴해내야 하는 전략적 가치 타깃은 젊은 세대죠.

비즈니스를 오랫동안 영위하기 위해서는 이 전략적 가치 타깃의 마음을 얻고 지갑을 열게 하는 것이 가장 중요해요. 그래서 저희도 많은 활동을 하고 있습니다. 다행히도 2018년 가을에 카카오 프렌즈와 콜라보했던 것이 좋은 반응을 얻었습니다. 저희가 또 전국 70여 개 대학교의 시험 기간에 찾아가서, 부스를 꾸미고 대학생에게 커피를 한 잔씩 무료로 드리기도 해요. 대학생 시절 커피믹스를 경험하지 못하는 단절을 어떻게든 극복하기 위해서 계속 고객 접점을 만드는 거죠. 커피를 마시는 경험, 커피믹스를 마시는 경험이 낭만과 환상이 있는 멋진 경험이면 좋겠어요. 소주나 담배는 평범한 식품이지만 영화나 드라마에서 소주 한 잔 마시는 장면이나 담배 피우는 장면을 보면, 나름대로 그 장면에 어떤 낭만이 담기거든요.

모카골드는 왜 '경험'에 주목했나?

Be my B 2015년 제주도의 모카다방, 2016년 서울 성수동의 모카책방, 2017년 부산의 모카사진관, 그리고 2018년 전주의 모카우체국, 2019년 서울 합정동의 모카라디오까지 주로 공간 중심의 경험 마케팅을 했어요. 캠페인을 관통하는 콘셉트는 '오래됐지만 좋은 것들'이고요. 요즘은 젊은 이들 사이에 레트로한 감성을 즐기는 취향이 일반화되었죠. 그런데 2015년에만 해도 그렇지 않았거든요. 당시 어떻게 콘셉트를 기획하셨는지 얘기해주세요.

고은혁 말씀하신 대로 2015년에는 레트로 감성이 대중적이지 않았어요. 그런데 상수나 이태원 부근에는 조금씩 생겨나고 있었어요. 그 지역은 트렌드의 얼리어답터들이 모여 있는 트렌드 최전선이죠. 제일기획에서 트렌드를 빨리 읽고 레트로 테마로 제안을 주셨어요. 상수동에 있는 제비다방, 당인리 발전소 근처에 있는 은하수다방 등에서 모티브를 가져오기도 했어요. '오래됐지만 좋은 것들'이라는 문구가 사실 모카골드한테 딱 들어맞는 단어이기도 합니다. 저희는 모카골드가 오래됐지만 좋은 것이라고 생각하거든요. 그런 부분에서 공감되는 부분이 커서 한번 해보자 했던 것 같아요.

김소예 일부러 더 젊어지려고 억지로 한 번에 많은 걸 바꾸기보다 '우리는 좀 오래됐어. 하지만 오래됐다고 나쁜 건 아니야. 오히려 더 좋을 수도 있어. 우리 이야기를 들어볼래?'라는 느낌으로 담담하게 접근하고 싶었어요. 그래서 'Oldies but Goodies'라는 테마를 정하게 됐습니다.

Be my B 사실 오래된 브랜드가 밀레니얼 세대나 Z세대한테 잘 보이겠다고 억지로 젊게 포장하거나 B급 유머를 넣으면 어색해 보이더라고요. 그런데 모카골드는 헤리티지의 소중함, 그 추억을 다 품어가면서도 새로워지려 한 점이 좋았어요. 그리고 젊은 세대들에게 새로운 경험을 주기 위해 노력하면서도, 중장년층 코어 타깃을 배제하지 않았던 것, 그 다양성을 다 품었다는 점이 좋았습니다.

모카다방, 모카책방, 모카사진관 등 팝업 시리즈를 장기간에 걸쳐 꾸준히 진행한다는 게 사실 쉽지 않거든요. 대부분의 프로젝트가 단기성과를 보자는 식으로 진행되기 쉬운데, 어떻게 5년 동안 꾸준히 진행하셨는지가 궁금해요.

김소예 가장 큰 원동력은 광고주예요. 클라이언트의 굳은 의지가 있었죠. 그래서 저희도 파트너로서 같이 꾸려나갈 수 있었던 것 같아요. 사실 팝업 시리즈를 두 달 동안 운영해도, 단기간에 매출이 급성장하지도 않고, 그 공간 안에서 제품을 판매하지도 않습니다. 또 매스미디어 커뮤니케이션과 비교하면 팝업 스토어 방문객 수가 훨씬 적겠죠. 작년에 우체국에 오셨던 분들이 두 달 동안 총 10만 4000여 분 정도인데, 사실 광고 효과로만 따진다면 아주 적은 숫자예요. 하지만 방문 고객들은 일반 TV 광고로는 얻을 수 없는 굉장히 깊은 울림을 가지고 돌아가세요. 그래서 그런 것들이 차곡차곡 쌓여서 결국에는 브랜드에 대한 호감도·선호도·충성도까지 연결된다는 믿음이 서로 있었기 때문에 장기간 지속할 수 있었습니다.

Be my B 장기적으로 투자해야 하는 프로젝트에 대해 내부 반대 의견은 없었나요?

고은혁 다행히도 해를 거듭할수록 성과가 조금씩 좋아지는 편입니다. 그래서 내부의 걱정도 많이 줄어들었고, 오히려 기대해 주시는 분들이 많아요. 처음에는 굉장히 힘들었어요. 동서식품이 광고매체 쪽에서는 전통매체에 거액을 쓰기로 유명한 플레이어 중의 하나였어요. 매출 규모는 다른 유수의 대기업보다 작지만, 광고비 지출은 대기업 수준으로 했죠. 또 광고를 하면 매출의 영향을 바로 확인해야 했어요. 점유율 면에서 소비자 반응이 바로 와야 한다는 압박이 있었죠. 그러다 보니 처음 프로젝트를 시도할 때도, '매출이 얼마나 늘어나냐'는 질문을 많이 받아서 힘들었죠.

김소예 마케팅 비용 단가가 지상파, 케이블, 디지털 마켓 광고를 집행하는 것보다 훨씬 더 비싸기 때문에 약간의 우려가 있었던 것 같아요.

고은혁 저희가 1년에 수백억의 예산을 TV 광고비로 집행해왔던 회사예요. 그런데 TV 광고를 많이 해도, 실제로 소비자들은 아무도 우리 제품에 대해서 이야기하지 않는 게 안타까웠어요. 간혹 광고 모델이 바뀌면 모델에 대한 이슈가 조금 있을 뿐이었죠. '송중기가 나왔네' '김우빈이 나왔네' 정도요. 그게 다였지, 제품을 경험하는 순간에 대한 이야기는 거의 없었거든요. 그런데 이 캠페인을 진행하면서부터는 제품에 대한 이야기들이 많이 생기기 시작했어요.

Be my B 자발적으로 고객이 얘기하기 시작한 거군요.

고은혁 모카다방, 모카라디오에 오시는 분들은 대체로 기분이 좋으시거든요. 그리고 보통 좋아하는 사람하고 같이 오세요. 그러다 보니까 이 경험 자체가 빛나는 순간이 되는 거죠. 나중에 모카골드 제품을 보고 '그때 그 친구하고 모카책방을 갔었지, 그 친구는 잘 지내나?' 이런 추억을 떠올릴 수 있고요. 사실 우리는 순간순간을 계속 살고 있잖아요. 그런데 그 하나의 순간을 모카골드가 빛나게 해준다는 건 경이로운 일인 것 같아요.

Be my B 지금 고은혁 과장님께서 경험 마케팅의 핵심을 이야기해주셨어요. 요즘은 브랜드가 좋은 제품과 서비스를 제공해주는 것에 그치지 않고, 사람들의 가장 근본적인 욕망인 '좋은 경험을 하고 싶다'라는 부분을 고려하는 것 같아요. 브랜드가 좋은 경험을 제공하고 사람들은 오랫동안 기억하고 싶은 좋은 추억들을 쌓아가는 거죠. 그 추억을 바탕으로 브랜드와 고객의 관계를 끈끈하게 유지하는 것까지도 브랜드가 해야 할 역할로 확장된 것 같아요.

모카다방과 모카책방
Be my B 첫 번째 캠페인 모카다방을 대중적인 장소가 아닌 제주도의 외진 동네에서 시작하신 이유가 있나요?

고은혁 처음 시작한 캠페인이기 때문에 사실 규모는 4번의 캠페인 중에 가장 작고, 경험하신 분들도 그렇게 많지는 않았어요. 그런데 저희가 처음부터 추구했던 철학과 신념이 가장 잘 구현된, 이 캠페인의 원형이 되는 존재가 모카다 방이에요. 저희가 제주도로 장소를 선택한 이유가 바로 그거 예요. 위치는 제주도 남원 쪽인데, 관광지도 별로 없고 중문 에서도 1시간 정도 떨어져 있는 외진 곳이죠. 저희는 많은 분 들이 오시기를 바라진 않았어요. 단 1명, 단 10명이 오시더 라도 그들이 경험할 순간이 정말 멋지기를 바랐어요. 그래서 그분들의 삶과 그분을 둘러싸고 있는 사람들에게 긍정적인 영향력이 서서히 퍼지기를 바랐던 거죠.

모카골드 같은 매스 브랜드, 1년에 100억 잔이 넘게 팔 리는 브랜드들은 광고비를 쏟아붓고, 제품을 어떻게든 판매 시키는 데 전문가예요. 판촉물이나 사은품으로 구매를 유도 하는 데에는 상당한 전문가죠. 그런데 진짜 팬을 만드는 작 업은 많이 부족했어요. 브랜드에 어떤 이슈가 생겼을 때 적 극적으로 변호해주고, 오해를 해소해주는 활동들이 사실 브 랜드 스스로가 이야기하기보다 일반 소비자가 이야기해줬 을 때 신뢰성과 영향력이 높잖아요. 저희는 1명의 팬을 만드 는 데 집중했어요. 하루에 1명이 오더라도 해보자는 의견 일 치를 기적적으로 이뤘어요.

Be my B 제주도 모카다방에서 진행된 행사 중 기억에 남는 에피소드가 있을까요?

고은혁 애벌레 콘서트라는 걸 했었어요. '제주도의 푸른 밤을 보면서 라이브를 들으면 얼마나 좋을까'라는 아이디어에서 시작됐고, 옥상달빛 밴드 분들을 모셔서 노란 침대 계단에 누워서 음악을 들을 수 있게 했어요.

Be my B 추웠을 것 같은데요.

고은혁 고객분들의 반응은 굉장히 좋았어요. 그런데 옥상달빛 밴드는 좀 당황해하셨어요. 보통은 공연 중에 관객들과 '아이컨택'을 하는데 다 누워 있으니까요. 그래서 굉장히 재미있었던 경험이었습니다.

Be my B 이듬해 성수동에서 책방을 여셨어요. 저는 프로젝트에서 인상적이었던 부분이 성수동에 숨어 있는 보석 같은 가게들을 찾아내서 지도를 만들고, 성수동을 알리는 일을 하셨다고 들었거든요. 어떤 계기로 기획하게 됐나요?

고은혁 당시는 성수동에 카페들이 조금씩 생겨나고, 인기 있는 카페들이 등장하던 시기였거든요. 그런데 저희가 아무리 좋은 뜻으로 뭔가를 한다고 해도 원래 계셨던 분들께 피해를 주면 안 되잖아요. 그래서 공생의 차원에서 우리가 할 수 있는 일을 고민하다가, 성수동이 커피 향이 생각나는 거리가 되면, 모카골드에도 좋은 영향이 있지 않을까 하는 생각을 하게 됐어요. 이 고민이 결국 팸플릿에 카페, 음식점, 재미있는 경험을 할 수 있는 곳들을 지도로 만들자는 아이디어로 이어졌어요. 고객들이 단순히 모카책방만 방문하는 게 아니라 성수동에서 하루 놀고 갈 수 있게 하는 의도로요. 그러면 하루가 즐겁고 행복한 순간으로 기억되는 거죠. 이를 통해 우리 브랜드를 긍정적으로 추억할 확률도 높아질 거라 생각했어요.

모카사진관과 모카우체국

Be my B 2017년에는 부산에서 모카사진관을 열었어요. 사진관 건물이 복잡한 구조였다고 하던데, 보통 이럴 때 '조심하세요' 같은 경고 사인을 붙이잖아요. 그런데 여기서는 고객에게 불안감을 주는 행동이나 언어를 사용하지 않는

대요. 예를 들어 커피를 들고 계단을 오르는 고객에게 '계단 조심하세요'가 아니라 '제가 잔을 들어드릴까요?'라고 묻는 식이죠. 이런 작은 말이나 행동까지도 섬세하게 기획하셨다고 들었어요.

김소예 사실은 사진관뿐만 아니라 다방·책방·사진관·우체국·라디오도 다 마찬가지예요. 저희는 현장 스태프들이 모카골드 브랜드 이미지를 그대로 투영하고 있다고 생각했어요. 그래서 고객들과 온전히 사람 대 사람으로 커뮤니케이션해달라고 부탁드리고요. 고객은 이곳에 소중한 추억을 만들러 왔고, 스태프는 그 추억을 만들 수 있게 도와드리는 사람이라는 생각을 공유했어요. '내가 모카골드의 얼굴이다'라는 진정성을 스태프 스스로 가질 수 있도록요. 정말 언제 어디서나 늘 그 자리에 있었던, 정말 어제도 봤었던 사람인 것처럼 친근하고 다정다감하게 방문객들을 맞이할 수 있도록 신경 써서 계획하고 있어요.

Be my B 공간의 디자인이 젊고 세련돼서 진입장벽이 있을 것 같지만, 모기골드는 남녀노소를 다 아우르는 공간이 되었어요. 그 다양성이 생명력이 되고요. 사진관에서는 노년층을 대상으로 '장수 사진'을 촬영해주셨는데, 이에 대해서도 말씀해주시겠어요?

김소예 이때도 지역주민들이 운영하는 카페에 폐가 되면 안 된다는 생각이 강했어요. 그래서 초반에 지역 상생 차원에서 프로젝트 지역에는 어떤 카페와 가게들이 있는지 다 조사해요. 그러고는 그곳을 다 일일이 방문했어요. 한 분 한 분께 저희의 경험 마케팅 철학과 의도를 진솔하게 다 말씀드린 다음에 일을 시작해요. 그 연장선상에서 지역에 도움이 될 만한 일이 뭘까 하는 고민을 해요. 해당 지역에 대한 CSR적인 측면이라고 볼 수 있겠죠. 그래서 모카우체국에서는 집배원분들을 응원한다거나, 모카사진관에서는 어르신들을 찾아가 무병장수를 기원한다는 의미에서 '장수 사진' 촬영 등을 진행합니다.

Be my B 이런 게 경험 마케팅의 한 끗 차이를 만드는 것 같아요. 영정사진이 아닌 '장수 사진'이라는 이름도 좋고요. 모카골드가 기획한 곳에는 정말 유아부터 어르신까지 남녀노소가 오는 것 같아요.

　이제 전주에 열었던 모카우체국 이야기를 해볼까요. 그곳에서는 손편지를 쓰는 액티비티가 인상 깊었어요. 제가 어렸을 때는 손편지 쓰기가 일상이었고 예쁜 편지지를 파는 곳도 많았어요. 그런데 요즘 젊은 친구들은 손편지를 써본 경험조차 없을 것 같아요. 손편지를 쓰는 경험에 대해 젊은 층의 반응이 어땠는지 궁금하네요.

　김소예 저희는 밀레니얼이나 Z세대가 손편지 쓰기를 어려워할 거로 생각했는데, 중장년층분들도 힘들어하시더라고요. 저희가 편지지를 나눠드리고 우표도 만들었어요. 편지지에 손편지를 쓰면 우표를 실제로 붙여서 전주 우체국을 통해 발송하는 이벤트였죠. 커피 한 잔 마시면서 편지를 쓰는 경험을 드리고자 기획했는데, 저희의 예상보다 편지 쓰기를 어려워하시는 분들이 많았어요. 종이 한 장을 다 채우는 걸 어색해하시는 것 같아요. 이제는 다들 휴대폰이 익숙하니까요.

어떻게 꾸준히 유지할 것인가?

　Be my B 공간을 4개 정도 열다 보니, 한 공간의 경험이 좋아서 다른 공간도 방문해주시는 분들이 계셨을 것 같아요. 또 오프라인 공간 경험은 아날로그적인데, 이게 디지털에서도 확산된 것 같아요. 이런 효과에 대한 내부 평가가 궁금하네요.

고은혁 고객이 직접 경험하시는 게 가장 중요하지만, 못 오시는 분들께도 간접경험을 제공하면 좋겠다고 생각해서 공간을 열 때마다 항상 디지털 콘텐츠를 온라인에 올려요. 그런데 간접경험으로 직접경험 못지않은 효과를 누리려면 디지털 콘텐츠가 생동감을 주고, 진정성이 담겨야 한다고 생각했어요. 처음에 모카다방을 할 때는, 〈다큐멘터리 3일〉이라는 프로그램을 패러디해서 '다방 3일'이라는 콘셉트로 배우 황정민 씨, 김우빈 씨가 각각 하루 동안 모카다방의 다방지기가 되어, 실제로 손님들을 맞아서 커피 서빙을 하고 사람들과 이야기를 나누고 주민분들을 찾아가 커피도 한 잔씩 드리고, 해녀분들과 인사를 나누는 모습을 영상으로 만들었어요. 그런 것들이 좋은 반응을 얻으면서 캠페인을 효과적으로 알릴 수 있었고, '접근성이 좋은 곳에 공간이 열릴 때 가보고 싶다'는 의견을 많이 받았습니다.

Be my B 5년째 경험 마케팅을 꾸준히 해오면서, 또 디지털 시대에 디지털 네이티브 세대에게 아날로그 경험을 주는 마케팅을 해오면서 얻은 인사이트에 대해 살펴보려고 합니다. 아까 '진정성'에 대한 이야기를 하셨는데, 마음을 움직이는 건 소박한 진심에서 시작된다는 생각을 지금까지 유지해오셨던 것 같아요. 계속 초심을 유지하실 수 있었던 원동력은 무엇인가요?

고은혁 일단 저희 기업 문화 자체가 그런 성향이에요. 나서서 뭔가를 뽐내거나 화려한 걸 추구하는 건 저희 기업 문화와는 맞지 않아요. 모카골드가 모든 사람에게 최고의 커피가 될 수는 없고, 모든 사람을 만족시키는 커피가 될 수 없다는 것도 잘 알고 있어요. 그렇기 때문에 우리가 할 수 있는 것은 소비자들을 어떻게 대하고 싶고 그들과 어떤 이야기를 나누고 싶은지를 그대로 보여드리는 것이라고 생각했어요. 그리고 그게 가장 중요하다고 생각했고요. 매번 캠페인을 할 때마다 톤을 조정하는 게 쉽지 않아요. 더 화끈하게 도전해보고 싶기도 하고, 수십만 명을 모으는 페스티벌을 해볼까도 했지만, 동서식품노, 맥심도, 모카골드도 유기적인 생명력을

135

가진 브랜드라고 봤을 때, 그런 건 브랜드 성향과는 잘 맞지 않는다고 판단했습니다.

Be my B 스토리텔링을 할 때 알맹이보다 더 화려하게 포장해야 한다고 생각하는 분들도 있지만 그런 건 오래갈 수 없어요. 많은 브랜드가 고객을 분석할 때, 데이터를 중점적으로 보지만 사실 사람은 굉장히 다면적이고 구체적이잖아요. 모카골드가 그런 시선으로 고객을 바라보는 점이 오래 살아남을 수 있는 비결인 것 같고요. 이 가운데, 어떻게 젊은 세대를 더 사로잡으려는 생각을 하셨는지 궁금하네요.

고은혁 저희가 사실 사람에 대해서 다 이해하는 건 아니에요. 그럼에도 불구하고 사람이 가장 중요하다고 생각해요. 커피 브랜드를 맡고 있지만, 커피보다 사람이 중요하다는 거죠. 그러니까 우리 장소에 오셨을 때 모카골드 커피의 특장점, '모카골드 커피를 마시면 무엇이 좋은지, 원두의 종류와 기능이 무엇인지'를 알고 가시기를 바라지는 않아요. 그냥 커피 한 잔을 놓고 사람과 사람이 만나서 정서를 나누는 장소가 되기를 바랐어요. 그게 꼭 사람을 이해해야만 할 수 있는 건 아닌 것 같아요.

젊은 세대를 붙잡아야 한다는 미션도 있고 기존의 중장년층 세대에게도 어필해야 한다는 미션도 있지만, 방법은 다를지언정 기본적으로 사람이 느끼는 포인트는 비슷한 것 같아요. 브랜드가 어떤 이야기나 마음을 전달해야 사람의 마음에 와닿는지, 그리고 그것이 어떻게 작동하는지는 나이와 상관없다는 것을 이 캠페인을 하면서 느꼈어요. 그래서 정말 어렵지만 가장 중요한 게 사람이란 걸 매번 깨닫고 있어요. 우리가 이 사람을 소비자 한 명으로서 완벽하게 파악하고 소비 성향을 단언하기보다는 그냥 그 사람이 주인공이 되도록 하는 부분에 중점을 뒀어요.

Be my B 동서식품의 기업 문화나 브랜드 커뮤니케이션이 과장하지 않고 담담한 톤으로 나타나잖아요. 제일기획으로서는 좀 더 파격적인 프로젝트를 진행하고 싶진 않으셨나요?

김소예 동서식품과 제일기획은 워낙 오래된 파트너십을 가지고 있어서요. 저희는 흔히 동서식품답다는 뜻에서 '동서니스'라는 말로 동시식품의 기업 문화를 이야기합니다.

특유의 정서가 있거든요. 저희도 그 특유의 정서에 많이 놀라고 또 많이 배워요. 광고하는 사람들은 사실 뭔가를 매력적으로 포장하고 어필하고 설득하고 유혹하는 커뮤니케이션을 하는 사람들이잖아요. 그런데도 동서식품은 절대로 과장하는 광고는 원하지 않는 기업 문화예요. 정직하고 담담하고 겸손한 톤 앤드 매너를 가지고 계셔서 파트너사로서 굉장히 존경해요. 콘셉트가 가장 중요하다 보니 매년 수천 가지의 콘셉트를 고민하는데, 그때도 너무 튀는 건 배제하고 좀더 담담하게 스며들 수 있는 것들을 고민해요. 고객에게 강요하거나 구걸하는 게 아니라 가랑비에 옷 젖듯이 살포시 다가가서, 모카골드를 마시는 행복한 순간을 드릴 수 있는 테마를 선정하려고 노력하고 있어요.

고은혁 지금도 그렇지만, 몇 년 전 유튜브에 B급 '병맛' 콘텐츠부터 굉장히 자극적인 광고들이 많이 올라왔어요. 무수히 많은 광고의 홍수 속에서 자기 제품을 한 번이라도 제대로 보여야 하니까요. B급이나 병맛, 웃긴 게 사실 나쁜 건 아니잖아요. 그래서 그런 것을 하고 싶은 유혹에 시달리기도 하고, 실제로 추진력 있게 진행했던 경우도 있었어요.

김소예 말씀하신 것처럼 현장에서도 제품에 관한 정보나 회사 소개는 일절 하지 않고 있어요. 뭐든지 자연스럽게, 자발적으로 체험할 수 있게 하는 데 중점을 두고 있습니다.

Be my B 이 캠페인이 거듭되는 동안 사람들이 공유하고 확산시킨 건 모카골드 제품이 아니었어요. '나의 이야기'였죠. 내가 사진관에서 찍었던 추억의 사진. 우체국에서 친구에게 보냈던 엽서. 전부 '나의 이야기'고 '나의 추억'이기 때문에 그걸 자신의 인스타그램에 담아둬도 부끄럽지 않은 거죠. 기업의 경품을 얻기 위해 일시적으로 하는 게 아니니까요. 그래서 그런 고객의 이야기가 점점 증폭되고, 고객들이 어찌 보면, 자발적인 마케터가 되었어요. 그렇게 팬이 조금씩 확장되면서 또 새로운 공간을 오픈하면 가야겠다는 생각도 하고요. 이제 마지막으로 최근 진행한 모카라디오에 대해서 간단히 소개해주시겠어요?

김소예 라디오는 당인리 발전소가 있는 합정동에 위치해 있고요. 라디오라는 콘셉트로 2019년 5월부터 7월까지 운영되었어요. 라디오 부스가 있고, 그 안에 라디오 DJ가 상주

하고 있어 사연이나 신청곡 신청도 가능했습니다. 스티커 사진도 있고, 라디오 광고를 직접 녹음해볼 수 있는 등 여러 소박한 재미 요소를 마련했어요. 각종 레트로 라디오 전시도 보실 수 있고, 옥상 루프탑에서 발전소를 바라보며 시원하게 커피를 드실 수도 있었죠. 라디오 부스 안에서 팟캐스트도 진행되었고, 문학부터 재즈·음악·미술·연예·잡담 등 다채로운 주제를 다뤄 방문객들의 흥미를 끌었습니다.

태극당
서울에서 가장 오래된 빵집

신경철 · 태극당 전무이사

서울에서 제일 오래된 빵집으로 알려진 서울 장충동 태극당에서 3대째 가업을 이어
빵집을 운영하고 있다. 1대 고 신창근 회장의 손자이자 2대 신광열 사장의 아들로서
2011년 태극당 운영에 합류했다. 어린 시절 아버지의 동료였던 분들과 동료가 되어
일하면서 동료 이상의 끈끈함으로 태극당을 끌고 간다는 자부심이 있다. 태극당의 고
유함을 지켜내는 게 꿈이다.

"서울 장충동 사거리 모퉁이에 위치한 태극당에
들어서면 잠시 두리번거리게 됩니다. 젖소와
포도가 그려진 태극식빵 선전 간판이나 '납세로
국력을 키우자'는 계산대의 문구를 보다 보면
빵집에 온 게 아니라 시간 여행을 온 것 같은 기분이
듭니다. 그저 오래 버티기만 한 건 아닙니다.
태극당은 스트리트 브랜드와 협업하고 건물
전체를 리모델링하고 을지로에 카페도 내며
부지런히 변신 중입니다. 서울에서 가장 오래된
이 빵집을 지켜내고 변신시키는 건 창업주의 손자,
손녀였습니다."

태극당은 1946년 명동에서 출발했다. 초기 태극당에선 전병이나 유가 사탕
등을 주로 판매했다고 한다. 동전을 넣으면 음악을 들을 수 있는 주크박스가
설치돼 명동의 명소로 꼽혔다. 1973년에 지금의 장충동 본점을 열었다.

태극당집 손주, 갑자기 운영을 맡다

태극당의 신경철 전무입니다. 태극당은 서울에서 가장
오래된 빵집입니다. 1946년에 문을 열었어요. 처음엔 명동

에서 시작했고요. 1973년에 지금의 장충동으로 옮겨왔습니다. 태극당을 연 분은 저희 할아버지(창업주 고 신창근 씨, 2013년 별세)예요. 할아버지는 일제강점기에 미도리야라는 빵집에서 일하시면서 빵에 대한 기술을 습득하셨어요. 할아버지가 어렸을 때 들려주셨던 이야기 중에서 가장 기억에 남는 게 '지독한 조센징'이었어요. 그만큼 지독하게 일을 하고 빵 굽는 기술을 배우신 거죠. 해방되고 일본 사람들이 도망가듯이 떠나면서 제빵 기계를 받았다고 들었어요. 어려운 기반에서 시작했지만 할아버지는 '태극당'이라는 이름을 지을 정도로 한국적인 빵집을 만들고 싶으셨던 것 같아요. 제게도 "일본 빵은 모양이 아기자기한데 일부러 그런 요소를 뺐다"고 말씀을 하셨어요. 일본에서 배운 제빵 기술을 가지고 가장 한국적인 빵집을 열고 싶으셨던 거에요.

저는 '태극당집 손주'로 어려서부터 살았어요. 자연히 언젠가는 빵집을 운영해야 할 거라고는 생각했지만 2013년에 갑자기 그 순간이 왔어요. 할아버지에 이어 가게를 운영하시던 아버지께서 갑자기 뇌출혈로 쓰러지셨어요. 그리고 한 달 뒤에 할아버지께서 돌아가셨습니다. 저는 당시에 카운터를 보는 직원일 뿐이었는데 갑자기 빵집 운영을 맡게 된 거죠.

모든 게 갑작스러웠어요. 솔직히 저는 그전까지는 좋은 아들이 아니었어요. 언젠가 빵집을 하겠지 라는 생각만 하고 20대 때 열심히 놀았어요. 힙합과 패션에 관심이 있었죠. 그런데 빵집 운영을 시작하며 충격을 받았어요. 저는 태극당이 늘 자랑스러웠거든요. 그런데 막상 카운터를 보니 어떤 날은 카페 매출이 0원인 날도 있고, 빵집 전체 매출이 하루 100만 원을 기록하지 못하는 때도 있더라고요. 이렇게 해서 빵집이 계속 문을 열 수 있을까 하는 충격을 받았어요. 그 이후로 잘 쉬지 않게 되었어요. 처음 몇 년은 주말 없이 일만 했어요. 지금도 한 달에 사나흘 정도만 쉬고 있어요.

갑자기 가게 운영을 맡긴 했지만, 1년 동안 계산대를 보며 적어둔 것들이 있었어요. '우리가 동네 가게가 아니라 회사처럼 운영되려면 어떻게 해야 할까?'라고 고민했던 내용이에요. 당시 홍대에서 멋진 카페들이 많이 생기고 있었거든요. 그리고 유행처럼 그런 카페 주인들이 책을 냈었죠. 그런 책들을 읽으면서 괜찮다고 하는 카페는 다 가봤어요. 어떻게 젊은 고객을 모을 수 있을까 계속해서 고민했어요. '뭐라도 해야지, 안 그러면 내가 태극당 문을 닫을 수도 있겠구나'라는 생각뿐이었어요. 제일 큰 고민은 매출이었어요. 당시에 태극당은 고객은 대부분이 60대 이상이었어요. 할아버지 때 처음 오셨던 고정 고객들이죠. 새로운 고객이 거의 유입되지 않았어요. 장충동이라는 위치 자체가 엄청 유동 인구가 많은 곳도 아니고, 가게의 브랜드가 새롭지도 않았던 것 같아요. 일단은 메뉴부터 살폈어요. 두 가지를 바꿔야겠다고 생각했습니다. 빵에 대해서는 '시그니처 메뉴'를 강화해야겠다고 생각했어요. 그리고 커피가 달라져야 한다고 생각했죠.

　반년 동안 가게 운영을 안정시켜놓고 나서 저는 밤에 바리스타 자격증을 따러 다녔어요. 그전까지 태극당에서 팔던 커피는 그야말로 다방 커피 수준이었어요. 이런 맛으로는 젊은 고객을 잡을 수 없다고 생각했어요. 커피를 배우면서 점점 어떻게 해야 할지 보이더라고요. 커피 맛은 로스팅이 가장 중요한데, 우리 매장 규모로는 전문 바리스타와 설비로 로스팅까지 하기는 무리라고 결론 내렸어요. 유명 커피 전문점과 원두 계약을 맺었어요. 2015년부터는 야간에 요리 학교를 다니면서 빵도 배웠어요. 프랑스 요리학교 '르꼬르동블루'의 국내 아카데미였죠. 제가 빵을 모르고는 직원들에게 자신감 있게 말할 수가 없다고 생각했어요. 빵을 배우면서 우리는 어떤 메뉴를 가장 자신 있게 밀어야 할까 고민했어요.

세월의 빵집, 리브랜딩을 시작하다

저희는 태극당을 '세월의 빵집'이라고 부릅니다. 오랜 시간 동안 변하지 않은 가치를 지켜가기 위해서 오래된 장비와 가구, 인테리어를 그대로 보존하고 있어요. 저희는 오래된 제품의 스토리 자체가 사람들을 움직인다고 생각합니다. 리브랜딩(Re-branding)을 하기로 한 뒤, 어떻게 우리가 변해야 할지 한번 좌표를 그려봤어요.

일단 고객을 태극당을 싫어하는 사람과 태극당을 좋아하는 사람으로 나눠봤어요. 그리고 태극당 빵을 먹어본 사람과 먹어보지 못한 사람이 있겠죠. 그러면 전 국민이 태극당 기준에서는 네 종류로 나뉘는 거예요. 태극당 빵을 먹어봤는데 좋아하는 사람, 태극당 빵을 먹어보지 않았지만 좋아하는 사람, 태극당 빵을 먹어봤는데 싫어하는 사람, 태극당 빵을 안 먹어봤는데도 싫어하는 사람. 이렇게 좌표를 나눴더니 각각의 유형에 대한 대책이 나오더라고요. 일단 빵을 먹어보고 좋아하시는 분들은 우리 편 굳히기가 필요하다고 생각했어요. 고객관리 서비스를 제공해야 하는 거죠. 못 먹어보면서도 좋아해 주시는 분들은 참여형 마케팅으로 다가가야겠다고 생각했어요. 우리 편으로 끌어들이는 거죠. 저희 빵을 먹어보고 싶어하시는 분을 위해서는 신메뉴를 개발해야겠다고 생각했고, 저희 빵을 먹어보지 않고 막연히 싫어하시는 분은 홍보 활동으로 좋은 이미지를 심는 수밖에 없다고 생각했어요.

이런 전략에 의해서 브랜딩 작업을 시작했습니다. 저희가 돈이 많은 빵집이라서 리브랜딩을 한다고 생각하시는 분들이 많았어요. 하지만 처음 말씀드린 것처럼 저희는 없어지지 않고, 세월을 버티기 위해서 브랜드 마케팅을 시작했어요. 그때 세웠던 전략에 따라 다양한 브랜딩 작업을 벌였습니다. 우호적인 1차 타깃은 어느 정도 마무리되어 새로운 고객층이 생겼습니다.

동네 빵집이 폰트를 만든 이유는

일단 빵을 포장하는 패키지를 바꿨어요. 고객들에게 빵을 먹는 과정에서 특별한 경험을 드리고 싶었어요. 그전까지는 패키지가 통일된 디자인이 아니었어요. 태극당의 로고인 태극 문양도 패키지마다 제각각이었어요. 패키지를 새로 디자인할 때도, 시작은 옛 디자인을 그대로 보존하는 것이었어요. 로고 디자인을 새로 했어요. 1973년 무렵부터 태극당의 패키지에서 보이던 무궁화 신볻을 이어나가기로 했어요. 빵

패키지를 바꿨을 뿐인데 1년 사이에 매출이 두 배로 뛰었어요. 페이스북으로 홍보를 시작하고 홈페이지도 만들었죠. 직원들에게 매출 목표를 얘기하면서 상여금을 챙겨줬어요. 손주가 가게를 맡고 나서 뭔가 달라지고 있다는 걸 보여주고 싶었어요. 그리고 부모님을 설득했어요. 더 큰 투자가 필요하다고 말씀드렸죠. 가게가 크게 수익을 내고 있지 않으니, 사실 사업성을 따지면 무모한 투자였습니다. 하지만 부모님이 저를 믿어주셨어요. 저로서는 "지금 결단을 내리지 않으면 망하는 수밖에 없다"는 심정이었어요.

디자인 회사에 의뢰해서 태극당만의 폰트를 만들었어요. 술 마시면 친구들도 그래요. "폰트는 마케팅의 끝판왕인데, 너희가 왜 폰트를 만드느냐"고요. 저도 왜 그랬는지 모르지만 우리가 브랜드 정체성을 가지려면 디테일이 필요하다는 생각을 했어요. 50년대 서울의 한글 간판에 착안해서 폰트 개발을 진행했고, 태극당 1946체라는 폰트가 나오게 됐습니다. 또 브랜딩의 일환으로 2017년부터 '빵 아저씨'라는 예전 캐릭터에 생명력을 불어넣으려 하고 있어요. 이 빵 아저씨는 원래 저희 봉투에 그려져 있던 아저씨예요. 나이를 안 먹고 계속 같은 모습이었는데, 저희가 좀 회춘을 시켜드렸고 원래는 정면 모습이 없는데 정면 모습을 새로 개발했습니다.

2015년에 가게 리모델링에 들어갔습니다. 사실은 브랜딩만을 위해서 리모델링을 한 건 아니었어요. 건물이 너무 오래돼서 제빵 설비를 제대로 돌릴 수가 없었어요. 전기 공급도 달릴 정도였으니까요. 가게 매출이 엄청나지는 않으니 모아둔 돈을 헐어 투자해야 하는 상황이었어요. 이왕 하는 것 매장까지 리모델링해야겠다고 결심했어요. 카페 공간도 없고 손님들에게 빵을 전달할 수 있는 계산대 공간도 없었거든요. 어머니, 아버지께 자료와 사진을 가지고 가 설득했습니다. 리모델링을 진행할 때도 가장 중시한 건 옛것을 지킨다는 거예요. 지금 손님들이 앉아 있는 책상은 원래 제빵사들이 밀가루를 반죽하던 작업대였어요. 그리고 이 책상 위의 조명도 할아버지께서 가지고 계시던, 40년이 넘은 등이에요. 장미 문양이 새겨진 의자는 과거에 우리가 예식장 사업을 했을 때 쓰던 걸 그대로 가지고 왔어요. 예전의 물건으로 공간을 꾸미고 나머지는 다 비워뒀어요. 이 테이블에서 뭐라도 할 수 있고, 이 공간에서 어떤 일이든 벌일 수 있는 그런 공간을 만들고 싶었어요.

태극당, 스트리트 브랜드와 만나다

저희는 2015년 10월을 시작으로 마켓 행사에 조금씩 참여하기 시작했어요. 태극당은 여전히 오래된 브랜드의 이미지가 강했기 때문에 젊은 사람들이 이 안에서 움직이고 있다는 걸 기회가 될 때마다 알리고 싶었어요. 그리고 각종 전시나 페스티벌도 되도록 많이 나갔어요. 가장 많이 나간 곳이 플리마켓 띵굴시장인데, 띵굴시장을 통해서 이런 활동이 홍보를 넘어 매출로도 이어지는구나 하는 감사한 마음을 가지게 됐어요. 이게 인연이 돼서 지금은 을지로에 문을 연 서점 아크앤북의 띵굴 오프라인 시장 앞에 저희 카페 매장이 2018년 11월에 최초로 문을 열었어요.

저희는 다양한 브랜드와 협업도 진행했습니다. 사실 저는 서브컬처를 좋아해요. 패션에도 굉장히 관심이 많았어요. 브라운 브레스(Brown Breath)라는 스트리트 패션 브랜드는 제 나이에 스트리트 패션에 관심 있는 사람이라면 모두 아는 유명한 브랜드예요. 제가 좋아하는 문화이기도 했지만, 태극당이 이런 젊은 브랜드와 협업을 하면서 얻어갈 것이 많다고 생각했어요. 이 일이 계기가 돼 이탈리아의 캐주얼화 브랜드 슈페르가에서도 협업하자는 연락이 왔어요. 태극당의 색깔을 신발 디자인으로 표현하고 싶다고요. 또 어린이책을 만드는 회사와 협업을 해서 동화책도 만들게 됐습니다. 저희 할아버지가 빵을 굽는 아저씨로 묘사돼 태극당의 철학을 녹여낸 동화책이었습니다. 이 동화책이 나오고 2층 벽면 전체에 동화책을 인쇄했고, 어린아이들을 초대해 직접 버터케이크를 만들어보는 행사도 진행을 했어요. 손님들이 이 행사를 보고 인스타그램이나 페이스북에 이 책 이야기를 계속 올려줘서 정말 좋은 경험이었다고 생각하고 있습니다.

저희는 자기 색깔이 분명한 한국의 다양한 브랜드들과 계속 협업을 해나가려고 합니다. 브랜드의 방향성을 보여주기에 가장 좋은 것이 협업이라고 생각합니다. 태극당의 기준을 지키면서도 그 브랜드의 정체성을 자연스럽게 흡수할 수 있기 때문이에요.

요즘 것들의 브랜드, Z세대 브랜드

핑크퐁

세상을 더 재미있게

이승규 · 스마트스터디 CFO, 핑크퐁 중국 CEO

프리첼 매니저, 넥슨 사업개발팀장을 거쳐 2010년 김민석 대표와 함께 글로벌 콘텐츠 기업 스마트스터디를 공동창업했다. 현재는 스마트스터디 CFO로서 해외사업 개발을 총괄하고 있다.

"혹시 '아기 상어~ 뚜루루 뚜루~

귀여운~ 뚜루루 뚜루~ 바닷속~ 뚜루루 뚜루~

아기 상어!'라는 노래를 아시나요?

이제 막 걸음마를 뗀 어린아이는 물론 어른들의

마음마저 사로잡은 마법 같은 노래. 바로 핑크퐁의

'상어 가족'입니다. 유튜브 조회 수 200억 뷰를

자랑하는 핑크퐁 시리즈는 어떻게 전 세계 아이들의

마음을 사로잡은 걸까요?"

스마트스터디의 대표 유·아동 브랜드 핑크퐁은 2019년까지 4000여 편의 동요·동화 영상 콘텐츠를 제작해 전 세계 아이들의 사랑을 받고 있다. 핑크퐁 영상 콘텐츠는 모바일 앱, 유튜브 등을 통해 만날 수 있으며, 도서 및 교구 등 다양한 형태로도 서비스하고 있다.

유튜브 200억 뷰, 핑크퐁 콘텐츠의 성공 전략

스마트스터디의 이승규입니다. 제 소개를 잠깐 하자면, 저는 스마트스터디에서 글로벌 사업 기획과 재무를 맡고 있습니다. 지금부터 핑크퐁 콘텐츠가 전 세계적으로 인기를 얻을 수 있었던 이유와 그 과정에서 깨달은 몇 가지 사실들을 이야기해보려 합니다.

많은 분이 핑크퐁 하면 '아기 상어'를 먼저 떠올리시는데요. 사실 핑크퐁은 4000개 이상의 콘텐츠를 보유하고 있어요. 핑크퐁 전체 유튜브 조회 수가 200억 뷰 정도 되는데, 그중 핑크퐁 아기 상어 영상이 가장 좋은 반응을 얻었죠. 유튜브에서만 35억 뷰를 기록했거든요. 2016년, 2017년 2년 연속 유튜브 인기 영상 부문 1위였고요, 전 세계에서 가장 많이 본 유튜브 영상 6위*입니다. 핑크퐁 채널 총 구독자는 4000만 명 정도고, 구독자 1000만 이상인 채널에만 부여된다는 다이아몬드 버튼도 받았어요. 아무래도 200억 뷰라는 말은 그만큼 노출이 많이 됐다는 의미니까 유튜브 덕을 많이 봤다고 할 수 있죠.

유튜브 이외에도 다양한 채널에서 좋은 성과를 내고 있습니다. 핑크퐁 앱은 전 세계적으로 2억 건 정도 다운로드됐고, 국내 IPTV에서도 월 1000만 회 정도 이용되고 있습니다. 유료 채널은 한 달에 6000원 정도만 내면 핑크퐁의 모든 콘텐츠 즐길 수 있는데, 현재 3만 명 정도 가입한 상태예요. 국내 3대 음원 사이트(지니·벅스·멜론)에서 동요 음원 1위를 기록

---

* 유튜브 데이터베이스 2019년 10월 기준. 디즈니 애니메이션 〈겨울왕국〉의 인기 OST 렛잇고(Let it go)는 48위다.

하기도 했고, 빌보드차트 TOP 50위에 진입하기도 했죠. 크리스마스* 때 음원 순위가 더 올라가지 않을까 내심 기대 중입니다. 이외에도 자체 개발한 제품 100여 종과 500여 건의 라이선스를 보유하고 있습니다.

몇 번의 실패 끝에 찾은 핑크퐁 아이디어

물론 이렇게 성공하기까지 우여곡절이 많았습니다. 처음에 앱을 만드는 회사로 시작했어요. 구몬학습이나 빨간펜 같은 교육 콘텐츠를 모바일에서 쉽게 이용할 수 있는 서비스를 만들고 싶었죠. 스마트폰으로 스터디할 수 있다는 의미로 회사 이름을 '스마트스터디'라고 지었죠. 1년 반 정도 열심히 만들었는데, 여러 한계에 부딪혔어요. 한국의 태블릿PC 보급률이 예상보다 낮았고, 태블릿 사양도 생각만큼 좋지 않았거든요. 가장 큰 한계는 '스마트폰, 태블릿PC로 공부한다고?' 하는 부모들의 심리적 저항이었던 것 같아요. 아이디어는 좋았는데 시장이 무르익지 않았던 거죠. 그래서 사업을 몇 번 크게 피버팅(Pivoting, 사업 방향을 전환하는 것)했어요.

---

* 국내 음원 사이트에서 크리스마스 주간 순위가 전반적으로 상승했고, 영국 오피셜 싱글 차트(Official Singles Chart)에서는 6위에 올랐다.

10년 전쯤에 서점에서 CD와 악보가 포함된, 보고 들려주는 북이란 의미의 '보들북'이 잘 팔렸어요. 이때 저희가 느낀 건 '글도 못 읽는 아이들에게 악보를 보여주는 게 말이 안 된다'라는 거였어요. 아이들에게 CD에 담겨 있는 음악을 그냥 들려주기보다, 뮤직비디오 같은 걸 만들어서 보여주면 더 좋지 않을까 라는 생각이 들었죠. 어차피 항상 스마트폰을 갖고 다니니까 어디서든 쉽게 아이들에게 보여줄 수 있고요. 스마트폰만큼 휴대하기 좋은 스크린이 또 없잖아요. 이런 생각들이 핑크퐁의 시작점이라고 보면 됩니다.

아이들이 핑크퐁 콘텐츠에 열광하는 이유

저는 지금까지 20년 이상 콘텐츠 비즈니스만 했던 것 같아요. 90년대부터 콘텐츠 업계에 있다 보니, 성공하는 콘텐츠의 공식을 항상 고민했죠. 지금의 제가 내린 답은 일단 콘텐츠를 많이 만들어야 한다는 거예요. 저희는 하나의 콘셉트로 영상을 제작할 때 10~12개 정도 만들어요. 예컨대 자동차 영상이라면 스쿨버스부터 경찰차, 소방차 등 12개 이상을 만들고요. 공룡 영상이라면 또 공룡 종류별로 12개 정도를 만들죠. 이렇게 만들다 보면 아이들이 좋아하는 게 뭔지 보이거든요.

저희가 관찰해보니 아이들이 생각보다 육식 동물을 좋아하더라고요. 곰·사자·상어 같은 강한 동물이요. 그래서 핑크퐁도 강한 동물 캐릭터를 만들게 됐죠. 일반적으로 상어라고 하면 '죠스'가 떠오르기도 하고, 무서운 느낌이 들죠. 사실 그런 무서운 상어에게도 가족이 있을 거잖아요. 창작팀에서 무서운 상어 캐릭터에 가족 이야기를 집어넣어서 의미 있는 콘텐츠를 만들어 보자는 아이디어를 냈고, 그렇게 세상에 나온 작품이 '상어 가족'이에요.

사실 처음엔 이렇게까지 반응이 좋을 거라고 예상 못 했어요. 상어 가족은 아기 상어부터 시작해서 엄마·아빠·할머니 이렇게 점점 확장되는데요. 아이들은 노래를 들을 때 엄마·아빠·할머니·할아버지 등 가족이 언급되면 쉽게 따라 부르고 춤을 춰요. 이런 분위기를 자연스럽게 만들기 위해서 어릴 때 봤던 〈뽀뽀뽀〉나 〈TV 유치원〉 같은 형태의 라이브 유치원 영상도 제작하고 있어요. 사람들이 음악을 듣고 춤추는 장면을 직접 보여주는 거죠.

음악, 캐릭터, 가사, 아이들이 춤출 수 있는 율동까지 전부 다 커버할 수 있었던 게 핑크퐁이 성공할 수 있었던 이유 같아요. 어떻게 아이들의 마음을 움직일 수 있을지가 가장 큰 고민인데, 저희는 그 답이 음악에 있다고 생각해요. 반복적이고 예측 가능하고 재밌잖아요. 또 하나를 덧붙이자면 노래가 진행될수록 악기가 계속 추가돼요. 이런 상승 구조도 아이들에게 재미를 주었던 것 같아요.

성공한 키즈 콘텐츠의 법칙 : 재미와 의미

키즈 콘텐츠는 구매 타깃과 소비 타깃이 나뉩니다. 물건이나 콘텐츠를 구입하는 사람은 부모예요. 일종의 게이트 키퍼죠. 부모의 마음을 얻지 못하면 구매로 이어지지 않아요. 사실 아직도 아이들에게 스마트폰으로 영상을 보여주기를 두려워하는 부모들이 많아요. 진짜 의미 있는 콘텐츠라고 생각되지 않으면 시간 낭비하는 것 같고, 아이에게 안 좋은 영향을 줄까 봐 괜히 불안감이 들거든요. 그리고 엔드 유저, 즉 소비 유저는 아이들이에요. 부모가 마음에 들어서 사줬는데 아이가 세 번 이상 보지 않으면 그걸 또 사줄까요? 아마 다시는 사지 않을 거예요.

방법은 하나예요. 교육적으로 의미가 있어야 하고, 아이들 입장에서는 재미있어야 해요. 의미와 재미를 동시에 가져가는 거죠. 의미와 재미를 몇 대 몇으로 추구할지는 회사마다 달라요. 핑크퐁은 재미 7, 의미 3 정도를 지키려고 합니다. 재미와 의미 둘 다 이야기했지만 이건 꼭 영·유아를 타깃으로 한 콘텐츠가 아니어도 비슷해요. 어떤 콘텐츠든 재미있어야 하는 건 기본이고, 약간의 의미도 있어야 한다고 생각해요. 그런 의미에서 콘텐츠가 좋은지 안 좋은지 유저의 반응을 살피는 것도 중요해요. 저희 팀에게는 아이들이 원하는 것을 명확하게 알아내는 일이 가장 어려워요. 핑크퐁 유튜브 채널에 올라오는 영상에는 '좋아요'와 '싫어요' 비율이 둘 다 높아요. 아이들은 그 표시가 무엇인지 잘 모르니까 아무거나 막 누르는 거거든요. 아이들이 정말 이 콘텐츠를 좋아하는지 안 좋아하는지를 곧바로 알아차리기 어려운 상황이죠.

핑크퐁이라는 브랜드를 대중에게 각인시키기까지

핑크퐁에 관심 있는 분들이라면 꼭 물어보는 게 하나 있어요. 핑크퐁 노래인데 핑크퐁은 왜 안 나오냐고요. 핑크퐁은 모든 영상 앞에 등장하는 분홍 여우예요. 아이들은 '상어 가족'을 포함해서 모든 노래와 영상을 핑크퐁이라고 불러요. 유명한 영화사들이 브랜드를 인지시키는 방식과 비슷한데요. 가령 유니버설 스튜디오에서 만든 영화의 도입부엔 항상 지구가 등장하고, 픽사에서 만든 영화에는 스탠드가 통통 튀어나오잖아요. 사람들은 그 짧은 장면만 보고도 이 영화는 누가 만들었는지 금방 알아채죠.

저희도 1분~1분 30초짜리 영상을 만들 때 앞부분에 항상 핑크퐁이 뛰어다니는 장면을 8초 정도 넣어요. '핑크퐁!'이라는 사운드도 넣고요. 유튜브에서 핑크퐁 전체 조회 수가 200억 뷰라고 했잖아요? 그 말은 핑크퐁이라는 분홍색 여우가 뛰어다니는 장면도 200억 회 이상 노출됐다는 의미예요. 이제 아이들은 그 짧은 부분만 봐도 전체 영상을 핑크퐁이라고 생각하고, 엄마·아빠에게 핑크퐁 보여달라고 말하죠. 브랜드적인 측면에서 '핑크퐁'을 사람들에게 각인시킬 수 있었던, 잘한 선택 중 하나라고 생각해요.

이외에도 브랜드 인지도가 급격히 올라간 몇 번의 순간들이 있습니다. 콘텐츠를 만드는 입장이지만, 사실 우리 콘텐츠가 언제 뜰지는 아무도 몰라요. 상어 가족도 나온 지 2년 넘었는데 우연한 기회에 확 반응이 커졌거든요. 가장 큰 계기는 동남아시아 지역에서 붐을 일으킨 베이비 샤크 챌린지(Baby Shark Challenge) 영상입니다. 인도네시아에서 처음 시작됐죠. 사람들이 상어 가족 노래에 맞춰서 춤을 추고, 그걸 찍어서 인스타그램이나 페이스북, 유튜브에 올리기 시작하더라고요. 저희가 시작한 건 아니고 자연스럽게 사람들 사이에서 유행처럼 퍼져나갔어요. 이때 베이비 샤크 챌린지가 유행한다는 걸 유튜브 지표를 보고 깨닫고, 곧바로 직원 두 명을 인도네시아로 출장 보냈죠. 현지의 방송에 출연시켜서 '사실 상어 가족은 핑크퐁이라는 회사가 만들었다'는 인식을 심어줬어요. 핑크퐁이 더 유명해질 수 있었던 결정적 사건이었어요.

핑크퐁의 새로운 시도, 브랜디드 콘텐츠로의 확장

최근에는 정말 다양한 회사들과 협업하고 있습니다. 일례로, 월드 오브 워크래프트(World of Warcraft)를 만든 블리자드와 아기 멀록이란 영상 콘텐츠를 만들었어요. 와우(WoW)를 즐겼던 세대가 이젠 부모가 됐잖아요. 아기 멀록은 자녀들에게 '아빠 어렸을 땐 이런 게임 했어. 너도 같이 해보자!'라는 메시지를 주는 영상이에요. 와우 입장에선 고객의 충성도를 높이는 거고, 유저 연령대를 좀 더 젊게 만드는 마케팅이죠. 한국뿐만 아니라 미국에서도 반응이 상당히 좋았어요.

KCC와는 '사뿐걸음송'을 같이 작업했어요. 층간소음이 참 문제잖아요. 그런데 아이들에게 뛰지 마라, 조심히 걸으라고 얘기해도 사실 큰 효과가 없어요. 그보다는 주변 친구들이 얘기하거나, 책에서 봤거나, 또 내가 즐기는 콘텐츠에서 봤을 때 말을 잘 듣죠. 집에서 조용히 걸으라는 메시지를 담은 노래가 '사뿐걸음송'인데요. 요즘 아파트에서 가장 많이 보이는 광고일 거예요. 이런 것들을 전부 브랜디드 콘텐츠라고 하는데, 요즘은 광고와 콘텐츠의 경계가 사라지고 있어요. 재미있으면 광고인 줄 알면서도 찾아보니까요.

'사뿐걸음송' 말고 '골고루송'이라는 노래도 있습니다. '당근, 시금치도 맛있어, 잘 먹어' 이런 가사가 담긴 노래예요. 아이들이 '골고루송'을 따라부르면서 '핑크퐁도 당근 먹으니까 나도 먹어야지!'라며 행동으로도 이어지거든요. 핑크퐁의 브랜디드 콘텐츠는 단순히 캐릭터를 빌려서 마케팅 효과를 얻는 게 아니라, 타깃의 행동까지 변하게 만들기 때문에 좀 더 가치 있다고 생각해요. 뽀로로나 디즈니 캐릭터와 비교했을 때, 핑크퐁은 이런 콘텐츠를 좀 더 재미있고 빠르게 만들 수 있다는 장점이 있죠.

지속 가능한 브랜드로 나아가기 위하여

요즘 가장 큰 고민은 '어떻게 하면 핑크퐁을 지속 가능한 브랜드로 가져갈 수 있을까'예요. 상어 가족은 일종의 크레이즈(Craze, 대폭발)잖아요. 순식간에 바이러스처럼 번졌으니까요. 그런 의미에서 싸이의 강남 스타일이나 파인애플 송과 같은 궤도에 있다고 생각해요. 순간적인 인기를 얻은 데서 그치지 않는, 지속 가능한 브랜드로 성장하기 위해서 다양한 시도를 해보는 중이에요.

일례로 상어 가족을 애니메이션으로 만들 계획입니다. 상어 가족 영상을 보면 상어 가족이 다 같이 사냥을 하다가 갑자기 상황이 바뀌어 쫓기거든요. 왜 그렇게 쫓기게 되었는지 스토리를 준비하고 있어요. 또 영상의 도입부에 항상 핑크퐁이 나오는데, 핑크퐁이 어디에서 왔는지, 뭘 좋아하는지 사람들이 잘 몰라요. 많이 노출돼서 유명해지기는 했지만 특별한 스토리가 없죠. 핑크퐁의 이야기를 재밌게 전달하는 방식에 대해서도 고민 중입니다.

콘텐츠 만드는 사람들에게 무엇보다 가장 중요한 건 차별성과 일관성이라고 생각해요. '일관된 스토리를 어떻게 계속 이어나가고 전달할 수 있는가'가 핑크퐁 비즈니스를 지탱하는 중요한 요소예요. '상어 가족' 영상이 처음 나왔을 때, 성 역할을 고정한다는 지적을 받은 적이 있어요. 저희도 문제를 인지하고 있고, 조금씩 고치고 바꿔나가면서 다양한 이슈에 대해 민감도를 높여가고 있습니다. 최근에 만든 영상에서는 휠체어를 탄 아이도 나오고, 실수를 많이 하는 아이도 나와요. 아이들은 누구나 다 특별하고 자기만의 차별화된 포인트를 가지고 있다는 메시지를 담고 있죠. 앞으로도 아이들에게 이런 긍정적인 메시지를 전달하고, 즐거운 가치를 주는 회사가 되고 싶어요.

여행에미치다

대한민국 최대 여행 커뮤니티

조병관 · 여행에미치다 브랜드 매니저
가슴속 커다란 로망을 실현할 기회를 노리고 있는 경험주의자다. 우연한 계기로 첫
여행을 '배낭여행의 끝판왕'이라 불리는 남미로 떠나게 되었다. 그곳에서의 다양한
경험과 인연 덕분에 '여행에미치다' 팀으로 흘러들어 올 수 있었다. 여행에미치다의
브랜드 가치를 전달하는 다양한 프로젝트를 즐겁게 진행하고 있다.

"《90년생이 온다》의 저자 임홍택은 간단하고,
재미있고, 정직한 것을 90년대생의 특징으로
꼽았습니다. 얼핏 보면 정말 간단한 원칙인데, 많은
조직이 어려워하는 부분이기도 하죠. '여행에미치다'
팀은 그 어려운 걸 해내고 있습니다. 그들은
간단하고, 재미있고, 정직한 팀이자 간단하고,
재미있고, 정직한 콘텐츠를 만듭니다. 여행이
좋으니까 하고, 여행을 좋아하는 마음을 유지하기
위해 최선을 다합니다. 여행을 좋아하는 사람들이
여행을 좋아하는 사람들을 위해 일합니다.
그뿐입니다. 어쩌면 모든 브랜딩의 기본이 나의
브랜드를 '좋아하는 것' 그리고 그 좋은 마음을
유지하기 위해 최선을 다하는 것이 아닌지 돌아보게
됩니다."

'여행에미치다'는 2014년 3월을 시작으로 페이스북, 인스타그램, 유튜브 등
과 같은 SNS 채널에 최적화된 여행 콘텐츠를 만드는 팀이다. '여미'라는 이름
으로 불리며, 누구나 쉽게 참여할 수 있는 열린 여행 플랫폼을 지향한다.

여행 가고 싶은 마음을 찾아서

안녕하세요, 여행에미치다 브랜드매니저 조병관입니다. '때로는 여행자, 때로는 기획자'라고 스스로 이야기해요. 오늘 저는 '여행에 미쳐서 시작된 이야기'라는 제목으로 이야기를 시작해보려고 합니다. 저 또한 여행에 미쳐서 삶의 이야기가 시작된 사람이거든요. 2012년에 우연히 한 여행 블로그를 방문하게 됐어요.

어떤 남자가 자전거를 타고 세계 일주하는 이야기를 올린 블로그였는데, 그 이야기를 보고 제 가슴속에도 여행이 확 들어왔어요. 저도 세계 여행을 가야겠다고 마음먹었어요. 그 전까지는 여행을 경험해본 적도 없고, 그럴 여유도 없었거든요. 그래서 여행 자금을 모으려고 워킹홀리데이를 떠났어요. 심지어 그 세계 일주 블로거가 알고 보니 학교 선배여서 여행을 떠나는 데 동기부여가 되는 말씀을 들을 수 있었어요.

워킹홀리데이로 돈을 모아 여행을 떠났어요. 처음엔 브라질로 가기로 했어요. 당시 저한테 가성비 좋은 여행지가 남미였거든요. 첫 여행지로 남미를 선택한다는 게 조금 신기한 일이죠. 사실 원래 계획은 남미 일주를 하고 유럽·터키·인도·네팔·동남아를 거쳐 한국으로 오는 거였어요. 그래서 대

륙별로 항공권을 미리 끊고 계획을 세워봤는데, 그 계획만 엑셀로 5페이지가 나왔죠. 열흘 동안은 계획표대로 여행하다가 '아, 이런 여행 못 하겠다' 싶어서 모든 항공권을 취소했어요. 그러고는 천천히 남미 여행을 시작했죠. 그때 남미 여행에 빠져들어서 8개월 정도를 중남미 지역만 여행하고 돌아왔습니다.

그때 여행을 다니면서 영상을 틈틈이 찍어놨던 걸 한국에 돌아와 편집했어요. 개인 페이스북에 영상을 올렸는데, 조준기 대표가 여행에미치다 페이지에 올려도 되겠냐고 페이스북 메시지를 보내왔어요. 조 대표랑은 동갑내기라 그때부터 친하게 지내게 되었습니다. 결국 이 영상 덕분에 여행에미치다로 흘러들어올 수 있었어요. 지금은 여행에미치다의 브랜드 가치를 전파하기 위해 여러 프로젝트를 담당하고 있어요. 주로 여행 커뮤니티 관리와 여행 아이템, 오프라인 사업을 담당하고 있고요.

한국에 자유여행 붐이 일어난 네 가지 이유

저희 브랜드의 슬로건은 '일상을 여행으로'예요. 일상에서 많은 분들이 여행을 즐기면 좋겠다는 생각을 담아 이 슬로건을 만들었습니다. 저는 다른 사람들에게 '여행 좋아하세요?'라는 질문을 많이 해요. 많은 분들이 어색할 때나 누군가를 처음 만났을 때 여행 이야기를 주로 하시죠. 여행이란 단어를 들으면 대부분의 사람들 얼굴에 옅은 미소가 생기더라고요. 여행에 대해 각자의 추억을 떠올리시는 것 같아요. 여행이라는 단어가 가진 힘 자체가 강하고요.

여행에미치다가 시작될 때는 대한민국에 '자유여행' 붐이 일기 시작했을 때예요. 저는 당시 한국에 자유여행 붐이 일게 된 요인이 몇 가지 있다고 생각해요. 첫 번째로 소셜 미디어의 발달이에요. 페이스북·유튜브·인스타그램 등등 소셜 미디어가 상당히 발달하면서, 많은 이들에게 글로벌 콘텐츠가 전파되기 시작했어요. 그러면서 해외 여행지나 해외 여행 문화가 자연스레 대중에게 널리 전파될 수 있었죠. 두 번째는 저가 항공(LCC, Low Cost Carrier)의 등장입니다. 저가 항공이 많이 생겨나면서 항공권 비용이 저렴해진 것도 자유여행 붐을 일으킨 요인 중 하나예요. 세 번째로는 여행 예능 프로그램인데, 당시는 〈꽃보다 할배〉 〈꽃보다 누나〉 등 여행을 떠나는 TV 시리즈가 큰 관심을 받던 때예요. 그런 프로그램이 자유여행을 꿈꾸는 2030 젊은이들의 마음에 불을 지핀 것 같아요. 네 번째로 '힐링' 키워드입니다. 당시 '힐링'이란 키워드가 크게 유행했어요. 피로한 업무에서 벗어나 쉬고 싶은 욕구가 만연하다 보니 여행 시장이 커졌죠.

저희도 이 자유여행 트렌드 덕분에 브랜드가 성장했어요. 좋은 시기에 채널이 만들어지고 저희 콘텐츠가 많이 전파되었어요. 처음에 저희는 '트래블 팩토리(Travel Factory)'라는 이름으로 시작했어요. 나중에 여행자가 많이 모여, 커뮤니티 형태가 되다 보니, 여행자들이 자유롭게 모일 수 있는 공간을 의미하는 이름으로 바꿀 필요성을 느꼈습니다. 그래서 고민하다가 문득 생각난 게 '여행에미치다'였어요.

2014년 5월 이후부터는 여행에미치다라는 이름의 커뮤니티를 시작해 여행을 좋아하는 사람들과 천천히 많은 것들을 함께했습니다. 영문 브랜드명은 트래블 홀릭(Travel holic)인데, 멤버들이 추천해준 이름이고, 현재 사용하고 있는 로고 또한 회원분께서 그려준 캘리그라피를 활용해 사용하고 있습니다. 물론 정식으로 상표권을 구매했고요. 많은 분들이 저희 브랜드 로고와 이름을 좋아해 주는 것을 보니 로고의 임팩트가 큰 것 같습니다. 커뮤니티 규모가 작을 때는 소소한 이벤트를 많이 했습니다. 전국 각지를 돌면서 저희 배지

를 나눠주거나 충성도가 높은 팔로워를 만나는 식으로 네트
워킹을 활발하게 하기도 했습니다. 사실 비공개 그룹이 생기
고 나면서부터 여행에미치다가 자리를 잡게 됐어요.

여행 콘텐츠는 어떻게 진화했는가?

처음에는 콘텐츠 제작 능력이 부족하다 보니 회원들이
비공개 그룹에 올린 콘텐츠를 저희 공개 채널에서 소개해주
는 형태로 시작했죠. 이건 지금도 하고 있어요. 저희 스스로
도 여행에미치다의 근본은 커뮤니티라고 이야기합니다. 페
이스북 공개 페이지는 콘텐츠를 업로드하는 공간이고, 페이
스북 그룹은 여행을 좋아하는 회원들이 소통할 수 있는 공간
으로 활용되고 있으며, 저희는 최소한의 그룹 운영만 지원하
고 자발적으로 커뮤니티 기능이 유지될 수 있도록 노력하고
있습니다.

페이스북 페이지를 연 것은 2014년 3월이에요. 그러고
서는 몇 개월 동안 '제로 성장'을 했죠. 정보를 모아서 꾸준히
페이지에 올렸는데, 성장하지 않더라고요. 고민하던 시기에
주변 여행자들을 조금씩 알게 됐고, 그들의 이야기를 저희
페이지에 소개하게 됐어요. 2014년 말쯤 저희 페이지에 소

개했던 안시내 작가의 이야기가 대박이 났어요. 350만 원을 들고 140일 동안 지구 반 바퀴를 돈 이야기였는데, 당시 큰 이슈가 됐죠. 용기를 줬다고 하는 사람들도 있고, 너무 위험한 여행이라고 걱정하거나 비난하는 댓글도 많이 달렸어요. 많은 분들이 이 콘텐츠에 대해 관심을 갖고 이런저런 이야기를 하다 보니 화제가 됐죠. 그때를 계기로 여행에미치다 페이지의 팔로워가 늘면서 성장하기 시작했어요.

이 흐름을 타고 2014년 12월에 비공개 그룹 페이지를 열어서, 저희 팀 말고도 다른 사람들이 글을 올릴 수 있게 했어요. 여행자나 예비 여행자들이 소통할 수 있는 공간을 만들어야겠다고 생각했거든요. 그때부터 공개 페이지와 비공개 그룹, 이렇게 두 개의 트랙으로 나누어서 발전시키기 시작했죠. 콘텐츠도 저희가 직접 제작하기 시작했습니다. 공개 페이스북 페이지에서는 다른 회원의 콘텐츠를 소개해주고, 비공개 그룹에서는 여행 후기나 정보 공유, 여행 관련 양도 문의, 동행 구하기 등의 활동이 오가면서 성장했어요.

이렇게 계속 흘러오다가 또 한 번 좋은 기회를 만나게 됐습니다. 2016년 7월에 저희가 제작한 깡통시장 먹방 코스 영상이 초대박이 났어요. 당시는 SNS에 먹방, 여행 액티비티 콘텐츠를 많이 올리던 때였어요. 저희도 깡통 야시장에서 스마트폰으로 촬영해서 간단히 편집해 올렸는데, 조회 수가 1000만 회를 기록했어요. 지금은 2100만까지 올랐어요. 제가 알기로는 페이스북 코리아에서 1000만 조회 수를 달성한 콘텐츠는 그 영상이 처음이에요. 그때 당시 국내 콘텐츠가 복잡한 알고리즘을 타고 미국까지 도달하면 정말 '끝판왕'이라는 얘기가 있었는데요. 이 영상이 그렇게 됐어요. 동남아, 싱가포르를 거쳐서 미국까지 넘어간 거죠. 이 콘텐츠 덕분에 저희 공개 페이스북 페이지 팔로워가 크게 늘면서 여행 페이지 팔로워가 처음으로 100만 명이 됐어요.

이전까지는 비즈니스 모델이 없었어요. 광고가 들어와도 큰 금액을 받지 않았고, 적극적으로 광고 콘텐츠도 제작하지 않았어요. 그러다가 홍콩 관광청과 함께 처음으로 브랜디드 콘텐츠를 진행했죠. 주변에 잘 아는 감독님을 섭외해서 '세훈남' 시리즈를 만들었어요. 여행 뮤직비디오 콘셉트로 음악과 리듬에 맞춰서 편집을 잘게 쪼개고 율동을 넣었어요. 이 콘텐츠가 큰 관심을 받으면서 제휴가 물밀 듯이 들어왔어요.

여러 브랜드와도 협업하면서부터 자체 콘텐츠에 더욱 신경 쓰기 시작했습니다. 과거에 저희 공개 페이지에 올리는 콘텐츠의 70% 정도가 회원들의 콘텐츠 소개였는데, 이 시점부터 5:5 정도로 올리고 있어요. 브랜디드 콘텐츠는 네이티브애드가 기본이었어요. 그런데 조금씩 브랜드를 직접적으로 보여주는 콘텐츠도 많이 만들었고, 제휴 제안이 늘어나면서 콘텐츠도 다양해졌어요. 저희도 이런 경험을 통해서 콘텐츠 포맷을 중요하게 생각하기 시작했어요.

점차 성장하면서, 2017년 말쯤에는 다른 제품 브랜드와 콜라보레이션도 했어요. '킬리'라는 배낭 브랜드였는데, 제가 배낭 제작에 참여하고, 홍보도 하면서 미디어 커머스를 시도했죠. 첫 제품 브랜드 콜라보였어요. 당시 4000개 정도의 배낭이 팔렸고 6억 원 정도의 매출을 달성했습니다. '제품과 콘텐츠의 질이 좋으면 잘 팔리는구나'라는 걸 느끼면서, 본격적으로 저희 제품을 만들어야겠다고 생각했습니다. 그 이후로 여행과 관련된 여러 제품을 만들었어요. 제품 제작을 위해 커뮤니티에서 제품 수요조사를 하고, 이를 바탕으로 직접 기획하기도 했어요. 최근에는 스크래치 맵인 '여행에미칠지도'라는 것을 만들어서 9900원에 판매했는데, 반응이 좋았습니다. 24시간 동안 7600장 정도가 판매됐어요. 여행도 점차 진화하는 것 같아요. 경험을 중시하는 여행 문화가 등장했고, 여행과 밀접한 인테리어 소품도 좋은 반응을 얻더라고요.

여행은 '나도' 하고 싶은 '경험'이다

저희 콘텐츠를 보시고 많은 분들께서 '여행 가고 싶다' '떠나고 싶다'라는 말씀을 하세요. 콘텐츠를 만들 때 중요하게 생각하는 건 '아마추어리즘'과 'B급 감성'입니다. 아마추어리즘과 B급 감성이란 건 누구나 쉽게 공감하고, 쉽게 따라 할 수 있는 콘텐츠란 의미예요. 누구나 가볍게 느낄 수 있는 콘텐츠를 만드는 게 중요하다고 생각합니다. 저희 채널에는 화려한 기술과 편집 효과가 들어간 웰메이드 콘텐츠 외에도, 조금 아마추어스럽고 웃긴 콘텐츠도 많이 올라와요. 그리고 반응이 더 좋습니다. 저희는 제휴 때문에 웰메이드 콘텐츠를 만들지만, 평소에는 좀 거칠고 B급 감성인 콘텐츠를 많이 올려요.

짧고 임팩트 있는 콘텐츠나 편집이 거친 아마추어적 콘텐츠에는 '나도'라는 댓글이 많이 달렸어요. '나도 여행 가고 싶다. 나도 이런 거 찍어줘' 같은 말들요. 그 댓글을 보면서 '나도'라는 댓글이 달리는 콘텐츠를 만들어야겠다 생각했어요. 지금까지도 그걸 중요하게 생각하고요. '나도'라는 키워드가 저희에게 임팩트를 줬고, 저희 팀에 중요한 역할을 하고 있어요. 저희 채널의 메인 타깃이 17~24세예요. SNS상에서 댓글을 달거나 '좋아요'를 누르는 분들 중 대부분이 그 연령대예요. 그들이 댓글에 '나도'라는 말을 많이 달면서 친구들을 태그하곤 해요.

　다음으로 '여미'의 여행 콘텐츠 발전 과정을 말씀드릴게요. 콘텐츠는 크게 단순 이미지, 카드 콘텐츠, 여행 동영상으로 나뉘어요. 단순 이미지는 인스타그램에서 사진을 수급해요. 스마트폰이 발달하다 보니, 사람들이 스스로 사진을 많이 찍고 기록하면서 여행사진도 대중화가 됐어요. 자신의 SNS 계정에 여행 사진을 올리는 사람들도 늘다 보니 확산도 잘되고요. 카드 콘텐츠의 경우, 저희는 처음에 PPT로 이미지를 만들었어요. 그런데 점점 고급화되었죠. 여러 브랜드들과 콜라보하면서, 공모전이나 항공권 프로모션 등 PPL의 형태로 진화했습니다. 차츰 여행 동영상도 대중화됐어요. 많은 사람들이 여행 기록을 영상으로 남기면서, 하루에도 몇백 개씩 영상이 올라왔어요. 그러더니 어느 순간에는 퀄리티가 높은 영상들이 나오더라고요. 영상 전문가들이 여행을 가서 고퀄리티의 영상을 만들었거든요. 그러면서 브랜드 제휴가 많아졌어요. 특히 2016년에 영상 콘텐츠의 반응이 좋았어요.

그런데 현재는 사정이 좀 달라졌어요. 웰메이드 콘텐츠에 대한 반응이 좀 떨어졌거든요. 모든 분야에서 영상 콘텐츠가 쏟아져 나오고 있고, 유튜브 붐을 따라 영상 콘텐츠 시장의 경쟁이 매우 심한 상태예요. 브이로그나 페이크 다큐, 여행 뮤비, 정보성 콘텐츠가 쏟아져 나와 경쟁이 심화되면서 특정 포맷이 주목받기보다 장르가 사라지는 추세 같아요.

물론 여행의 설렘을 전달해주는 콘텐츠는 여전히 사랑을 받습니다. 이런 과정을 거쳐서 여미의 톤 앤드 매너가 완성됐어요. '나도'라는 키워드처럼 여행을 떠나고 싶은 마음을 불러일으키는 동기부여 콘텐츠, 짧지만 가슴을 울리는 콘텐츠, 실질적 여행 정보가 담긴 콘텐츠를 만들고자 합니다.

일자리도 만드는 커뮤니티의 강력한 힘

여행에미치다의 근본은 커뮤니티예요. 모든 게 커뮤니티에서 시작했는데, 공개 페이지와 비공개 그룹으로 나눠 두 개의 트랙으로 운영하면서 여행 트렌드를 파악할 수 있었어요. 커뮤니티 내에서 많이 회자되는 여행지를 보고 저희가 출장을 가기도 하고요. 커뮤니티에서 나오는 이야기를 통해 제품이나 오프라인 행사 기획을 하기도 해요. 트렌드를 파악하는 데 커뮤니티가 참 용이한 것 같아요. 커뮤니티는 콘텐츠를 공부하는 데에도 무한 원천이에요.

특히 여미 커뮤니티에서 여행 크리에이터란 직업이 탄생했어요. 예전에는 '여행 블로거'가 있었고 블로거들은 콘텐츠 제작 비용을 받지 않았대요. 여행 경비를 지원해주기만 했었다고 하더군요. 그런데 이제는 콘텐츠 제작에 대한 비용을 지급하는 추세입니다. 일반인 여행자들이 자신만의 스킬을 살려 콘텐츠를 만들고, 인플루언서가 되고, 개인에게 광고가 붙는 게 가능해졌어요. 그렇다 보니 직업적으로 여행 크리에이터가 많아졌어요. 결국 여미 커뮤니티 안에서 여행에 대해 이야기하고 또 콘텐츠를 만드는 사람들이 많아지면서, 여행 크리에이터가 탄생하게 됩니다.

또 하나 커뮤니티의 중요한 순기능이 있어요. 여행지에서 사고가 일어났을 때 커뮤니티에 큰 도움을 받았던 일이 있었어요. 예전에 인도 북부에서 한국인이 실종된 적이 있었는데, 가족이 저희 커뮤니티에 글을 남겨 도움을 요청한 적이 있어요. 커뮤니티 회원들이 그 글을 계속 상단에 노출시키며 이슈화했어요. 결국엔 그분을 찾았고, 그 지역 영사님이 직접 커뮤니티에 그분을 찾았다는 댓글을 남겼어요. 그

외에도 사람들에게 올바른 여행 문화를 알려주는 좋은 계기를 마련해주기도 하고요. 여행을 좋아하는 사람들이 모여 교류하기도 하죠. 커뮤니티 회원들이 오프라인 행사나 여행 아이템 제작을 요청해줘서 저희 아이디어 원천이 됩니다.

월급 주고 '해외 한 달 살기' 시킨 회사

저희는 여행하면서 먹고삽니다. 이렇게 이야기하면, 주변 사람들이 '스트레스 안 받고 좋겠네'라는 말씀을 하세요. 맞는 말이지만, 사실 저희 나름대로 고충이 큽니다. 여행을 좋아해서 시작했는데, 여행이 일이 되면 정말 피곤해요. 출장을 가더라도 아침부터 밤늦게까지 촬영하면서 3박 4일, 4박 5일을 보내요. 마지막 날 잠깐 즐기는 정도죠. 먹는 콘텐츠를 촬영할 때는 음식이 식을 때까지 못 먹기도 해요. 그래도 저희 스스로 여행을 좋아하는 마음을 계속 유지하는 게 중요한 것 같아요. 저는 여행 권태기가 와서, 요즘에는 여행을 떠나지 않습니다. 과거에 너무 많이 한 것 같아요. 그런데 재밌게도 그런 어려움과 스트레스를 해소할 수 있는 게 또 여행이더라고요. 진짜 여행이오. 그런 이유로 직원 관리 차원에서도 여행 관련 프로젝트를 많이 해요.

작년에는 6월 한 달 동안 회사 문을 닫고 '한 달 살기'를 떠났어요. 직원들에게 최소한의 콘텐츠만 만들어와달라고 주문했어요. 그러고는 팀을 짜서 각각 한 달 동안 하고 싶은 걸 배울 수 있는 여행지를 정해 떠났고, 거기서 한 달씩 지내다 왔어요. 어떤 팀원은 수제 맥주를 좋아해서 베를린행을 택했고, 와인과 탱고를 배우러 부에노스아이레스를 간 팀원도 있었어요. 저는 서핑 배우러 발리에서 한 달을 살았어요. 돌아와서는 우리의 한 달 살기 이야기를 책으로 내서 여행 작가로 데뷔하기도 했습니다. 직원들에게는 월급을 다 줬어요. 여행 지원비도 줬고, 한 달 동안 스트레스를 최소화할 수 있게 했어요.

깜짝 여행을 떠난 적도 있어요. 직원들에게 국내 워크숍을 떠난다고 말해놓고, 당일 전부 모였을 때 네덜란드로 떠나버리는 프로젝트를 했었죠. KLM 항공이랑 제휴한 이벤트였어요. 팀원들이 여행에 대한 즐거움을 유지할 수 있어야, 다른 사람들에게도 즐거움을 주는 콘텐츠가 나온다고 생각해요. 그래서 끊임없이 여행에 대한 즐거움을 놓지 않기 위해 내부 브랜딩을 하고 있고, 이런 걸 매우 중요하게 생각합니다.

이 회사가 경쟁자에게 일자리를 주는 이유

저희는 커뮤니티를 기반으로 한 미디어 채널이란 게 큰 장점이에요. 그러다 보니 그룹에 속한 크리에이터들과도 좋은 관계를 맺습니다. 저희 크루 19명 중에 8명만 공채고, 나머지는 저희 커뮤니티를 통해 스카우트했어요. 그들은 저희 채널 팬이기도 하죠. 그만큼 여행을 좋아하는 사람들이고, 저희 커뮤니티의 힘이기도 합니다. 그래서 평소에도 상생의 의미로 커뮤니티와 협업을 많이 합니다. 예를 들어 브랜드 제휴 요청이 들어왔을 때, 작업 시간이 없거나 저희와 색깔이 다른 경우에는 주저 없이 저희 그룹의 크리에이터를 연결해줘요. 자유여행 시장은 기본적으로 작습니다. 여행 시장 자체가 작아요. 음식이나, 패션처럼 매일 하는 게 아니라 1년에 한두 번 정도 하는 일이니까요. 그래서 저희는 일단 시장의 파이를 키우는 게 중요하다고 생각해요. 그래서 어쩌면 경쟁자라고 할 수도 있는 크리에이터들과의 협업을 중요하게 생각해요.

오프라인 행사로 진행하는 '누벨바그' 파티도 그런 의미에서 시작했어요. 1년에 한 번씩 4년째 진행했죠. 여행 크리에이터들과 네트워킹하는 행사예요. 콘텐츠 협업을 하기도 하고요. 작년에 열렸던 세 번째 파티에서는 크리에이터 120

명과 저희와 콜라보했던 브랜드와 대행사 담당자 100여 명을 초대해서 서로 연결시켜줬어요. 저희는 결국 시장을 키우는 게 목적이었기 때문에, 서로의 니즈를 채워줄 수 있는 행사를 기획했죠. 마케팅 관계자들도 인플루언서를 알고 싶어 했고, 크리에이터들도 광고주를 필요로 했기 때문에 저희 행사를 통해서도 서로 시너지를 낼 수 있었고요. 저희는 콘텐츠를 만들기도 하지만, 미디어 역할도 하기 때문에 콘텐츠를 다른 곳에서 수급해서 저희 채널에 올리는 것만으로도 수익을 낼 수 있어요. 하지만 장기적인 관점에서 볼 때 크리에이터들과 브랜드를 연결해주는 것이 저희와 크리에이터 모두에게 좋은 거예요.

'트래블 엔터테인먼트', 여행에 관한 모든 것

여행에미치다는 '일상을 여행처럼'이라는 슬로건을 가치로 삼고 많은 이들에게 여유를 주는 일을 하고 있다고 생각해요. 커뮤니티 덕분에 다른 영역으로 확장하는 게 더 자연스러웠고요. 올해는 여행 아이템과 오프라인 행사에 더 주력하려고 해요. '여미휴게소'라는 플랫폼을 만들어서 회원들이 원하는 여행용품이나 굿즈를 만들어 판매하고 있어요.

'여행자의 밤'이라는 오프라인 행사를 열어서 커뮤니티 회원들에게 더 재미난 경험을 주려고 노력하기도 합니다. 특히 브랜드와 제휴 행사를 하면 상업적으로 변질될 수 있지 않냐는 우려가 있는데, 제휴 브랜드와 저희 사이에 목적이 같다면 상업적으로 변하지 않더라고요.

처음에는 콘텐츠 사업만 했었는데, 이제는 오프라인 사업과 아이템으로도 확장됐어요. 그러다 보니 2019년 주요 비즈니스는 여행 미디어, 콘텐츠, 아이템, 오프라인 행사, 커뮤니티 이렇게 5가지더라고요. 이제는 단순히 콘텐츠 제작소라고 불릴 수 없게 되었고 다양한 장르를 포괄하고 있다는 의미에서 '트래블 엔터테인먼트' 회사라는 이름이 적절하지 않나라는 생각이 들었어요. 저희는 결국에는 여행을 좋아하는 사람들이 모여 있는 브랜드입니다. 여행을 좋아하는 사람들이 여행을 좋아하는 사람들을 위해 여행의 설렘을 전하는 프로젝트를 하고 있습니다.

매거진 〈B〉
브랜드에 대한 브랜드

박은성 · 매거진 〈B〉편집장
영화지 〈프리미어〉와 패션지 〈엘르〉, 리빙·라이프스타일지 〈까사리빙〉의 에디터를 거쳐 JOH에 입사, 매거진 〈B〉의 팀장을 거쳐 2017년 4월부터 매거진 〈B〉의 편집장을 맡고 있다. 여러 영역의 브랜드를 탐구하고 분석하며 브랜드 관련 콘텐츠를 확장했으며 B캐스트와 매거진 〈F〉의 론칭 프로젝트를 진행하기도 했다.

"취향이 중요해지면서 '브랜드'에 대한 관심 또한
높아지고 있습니다. '다수를 위한' 브랜드가 아니라
작지만 개성이 넘치고 철학이 있는 브랜드가
사랑받고 있습니다. 2011년 창간한 매거진 〈B〉는
어떤 것에 대한 해답을 찾아가는 여정을 그린
다큐멘터리 형식으로 브랜드를 다루고 있습니다.
매거진 〈B〉는 하나의 브랜드가 '좋다'라고 결론
내리기보다 어떤 결론을 내리기 위해 질문하고,
조사하고, 발견해가는 과정을 보여주며 모든
부분에서 세밀한 노력을 기울이고 있습니다.
그 결과 매거진 〈B〉는 브랜드의 이야기를 담는
잡지를 넘어 또 하나의 브랜드로 자리 잡았습니다."

매거진 〈B〉는 2011년 11월, 광고 없이 한 호에 하나의 브랜드만을 다루는 잡지라는 포맷으로 시작했다. 전 세계 다양한 비즈니스 분야를 아우르며 독자적 관점으로 '균형 잡힌 브랜드'를 선정, 소개하고 있다.

10년 차 잡지 에디터가 매거진 〈B〉를 처음 보고 놀란 이유

매거진 〈B〉에 대해 이야기하기 전에 제 소개를 먼저 간단히 드릴게요. 저는 월간 잡지에서 약 10년간 에디터로 일하다가 매거진 〈B〉에 팀장으로 합류, 2년 전부터 편집장을 맡아 일하고 있습니다. 많은 분이 기존 매거진과는 많이 다른 형식의 매거진 〈B〉에 합류하게 된 계기를 궁금해하세요. 직접적인 계기는 〈까사리빙〉에 몸담고 있을 때 JOH라는 회사의 오피스 인테리어를 취재하려고 조수용 대표님을 만났던 것입니다.

인터뷰 중에 대표님께서 '종이 잡지를 만들 계획이다'라고 하셨어요. 그리고 매거진 〈B〉라는 잡지가 나오자마자 JOH에서 제게 한 권을 보내주셨어요. 당시 저는 손안에 쏙 들어오는 사이즈의 잡지를 받아 들고 신선한 충격에 빠졌습니다.

당시 저는 굉장히 두껍고 큰 판형의 잡지를 만들고 있었어요. 잡지 안에는 광고를 비롯한 수많은 내용이 담겨 있고요. 매거진 〈B〉는 B라는 제호와 함께 프라이탁 로고가 나란히 한 표지에 담겨 있었는데 그 부분이 정말 신선하게 다가왔습니다. 매거진 〈B〉가 처음 나왔을 때 잡지 업계는 '뉴미디어에 어떻게 대응할 것인가'라는 공통적인 고민에 빠져 있었어요. 모든 콘텐츠를 웹으로 옮기면 되는 건지, 새로운 플랫폼을 만들어 온라인 전용 콘텐츠를 만들어야 하는 건지 다들 혼란 속에 있었어요. 하지만 그런 시대에 매거진 〈B〉는 물성을 오히려 극대화한 잡지였죠.

'어떻게 이런 잡지를 만들 수 있지?'라는 생각이 들었어요. 당시 잡지 업계는 굉장히 어려운 상황에 직면해 있었어요. 광고에 올인하지 않으면 절대 살아남을 수 없다는 생각이 일반적이었고, 에디터들은 콘텐츠와 광고를 결합한 애드버토리얼이라는 형태의 기사를 기계적으로 만들어야만 했습니다. 잡지의 수명을 위해서는 굉장히 중요한 작업이지만 에디터 입장에서는 정체성이 흔들릴 만큼 고통스러운 작업이었죠. 동기부여도 전혀 되지 않고요. 그런 시점에서 '광고'를 하나도 받지 않고 '독립성'을 유지하겠다고 선언한 게 매거진 〈B〉였습니다.

많은 사람이 뉴미디어라는 단어에 잠식돼서 뾰족한 해결책을 내지 못했던 시점에 새로운 매거진을 만나게 됐고 마침 매거진 〈B〉에서 새로 인력을 뽑게 되면서 아주 자연스럽게 합류하게 됐습니다. 처음 매거진 〈B〉를 보고 제가 느꼈던 충격을 업계의 많은 분이 느끼셨을 거라고 생각해요. 매거진 〈B〉 창간 이후 독립적인 관점을 가지고 정말 하고 싶은 이야기를 하는 미디어가 계속 등장했거든요. 매거진 〈B〉의 자체적 성장뿐 아니라 매거진 〈B〉 이후 새로운 미디어 시장이 생겨나고, 그 안에서 서로 자극받으며 성장할 수 있는 미디어들이 속속 탄생하기 시작했다는 것에 큰 의미가 있다고 생각합니다.

기성 잡지에는 있고 매거진 〈B〉에는 없는 세 가지

기성 잡지에서는 굉장히 중요한 역할을 하며 많은 비중을 차지하지만 매거진 〈B〉에는 없는 세 가지가 있습니다. 첫째, 매거진 〈B〉에는 광고가 없습니다. 광고가 주요 수입원인 기성 잡지와 다르게 매거진 〈B〉에는 광고가 하나도 실리지 않습니다. 애드 프리(Ad-free)라고 표현하기도 하는데, 이는 브랜드를 다루는 데 독자적인 입장을 유지하겠다는 매거진 〈B〉의 결정이 반영된 정책입니다. 광고가 없다는 건 매거진 〈B〉가 광고를 위해 중간에 이야기의 흐름을 끊지 않고, 만드는 이가 의도한 대로 매끈하게 흐르도록 할 수 있다는 뜻입니다. 독자들이 페이지를 넘기면서 어떤 방해도 받지 않고 매거진 〈B〉의 이야기에 빠져들 수 있죠. 다만 광고는 없지만 '광고'처럼 보일 수 있는 부분이 있는데요. 바로 매거

진 〈B〉의 표지입니다. 매거진 〈B〉의 표지를 보면 상단에 B
라는 제호(로고)와 해당 호에서 다루는 브랜드의 로고가 변형
없이 그대로 담겨 있습니다.

　　매거진 〈B〉만의 오리지널 서체를 활용해서 브랜드를
소개할 수도 있지만, 굳이 해당 브랜드의 로고를 그대로 활
용하는 건 매거진 〈B〉의 정체성과 의도가 잘 드러난 부분입
니다. 표지에 브랜드 로고가 그대로 노출되면 사실 일견 광
고처럼 보일 수도 있습니다. 만약 B의 서체로 편집을 했다면
애초에 브랜드를 다룬다는 정체성과 광고처럼 보일 여지 사
이에서 줄타기할 필요가 없겠죠. 이런 줄타기 과정은 매거
진 〈B〉와 매거진 〈B〉가 소개하는 브랜드 사이의 관계성을
보여줍니다. 매거진 〈B〉의 서체 대신 브랜드 고유의 로고를
노출하는 것에는 단순히 독자뿐 아니라 저희가 소개했던, 소
개하고 있는, 그리고 앞으로 소개할 브랜드에도 매력적인 매
체가 되겠다는 의도를 담고 있죠.

　　둘째, 매거진 〈B〉에는 과월호 개념이 없습니다. 기성
잡지에는 '과월호'라는 개념이 뚜렷하게 존재해왔습니다. 한
달이라는 유통기한이 존재하는 콘텐츠를 만든 것입니다. 한
달 주기의 콘텐츠 유통기한은 에디터에게 허무한 감정이 들

게 합니다. 열심히 취재해서 쓴 기사가 발행되고 서점에 깔리면 짧게는 일주일, 길게는 열흘이면 휘발되거나 생명력을 잃고 다시 또 다른 주제의 기사를 위해 달려야 하기 때문입니다. 지금 작성하는 기사의 가치를 가늠하기도 어렵고, 쉽게 매너리즘에 빠지기도 해서 에디터들은 실제로 한 회사에서 2~3년 정도 일하고 다른 잡지로 옮기면서 계속 새로운 자극을 받으려고 합니다. 하지만 과월호 개념이 어떤 점에서는 에디터 업무에 긍정적인 영향을 주기도 합니다. 에디터들은 조금 미비한 콘텐츠를 만들면 그걸 만회하기 위해 새로운 것에 더 매진하고 새로운 것으로 부족한 점을 채우는 형태로 일을 하고 있었습니다. 과월호라는 개념에 맞춰 업무 플로와 업무 패턴이 형성된 것입니다. 매거진 〈B〉에는 과월호라는 개념이 없습니다. 저희는 여러 채널을 통해 매번 새로 나온 신간에 대해 소개하지만, 가끔 독자마다 매거진 〈B〉의 신간을 서로 다르게 생각하고 있는 경우를 보게 됩니다. 사실 처음엔 이런 현상이 당황스러웠습니다. 마케팅팀을 통해 이걸 바로잡아드려야 하나 고민도 했었고요. 이런 고민을 나누다가 결과적으로는 '그럴 필요가 없다'는 걸 깨달았습니다.

매거진 〈B〉는 어떤 이슈가 '신간'인지가 중요한 잡지가 아니라, 그것이 언제 발행된 어떤 이슈이든 생명력과 신선도가 있는 잡지가 되는 것이 더 중요한 매체이기 때문입니다. 출판된 모든 잡지가 한 달이 지나고, 두 달이 지나도 생명력을 유지할 수 있는 잡지라는 것이 매거진 〈B〉의 강점이자 정체성인 것이죠. 매출 지표를 보면 과월호 판매량이 해당 월의 신간 판매량보다 압도적으로 높은 수치를 보입니다. 누적된 이슈가 많아질수록 당연한 결과이기도 하지만, 매번 지난 이슈의 총 판매량이 신간 판매량의 숫자를 훌쩍 뛰어넘기 때문에 재미있는 현상이라고 봅니다. 결국 '브랜드'를 주제로 다양한 영역에 관심을 두는 다양한 독자분들에게 다가가고 있기 때문에 이전 이슈들 또한 지속적으로 많이 팔리는 것이 아닐까 생각하고 이전 이슈가 꾸준히 판매되는 것에 큰 의미를 부여하고 있습니다.

셋째, 매거진 〈B〉에는 스타 에디터가 없습니다. 기존 잡지에는 흔히 말하는 '스타' 에디터가 있습니다. 한 분야에 특화된 전문가나 평론가로도 활동하는 에디터의 개인적 관점이 굉장히 중요했고 어떻게 보면 스타 에디터들의 기사가 모인 형태 그 자체가 잡지라고 할 수 있습니다. 독자들도 선망하는 특정 에디터의 글을 읽으면서 에디터의 전문적인 식견에 감

탄하고 카타르시스를 느끼시는 경우도 많았는데 매거진 〈B〉
는 새로운 방식을 제시했습니다. 위에서 아래로 가르침을 주
는 형태나 개인의 목소리가 앞서는 형식이 아니라, 옆에서 친
근하게 이야기를 전달하는 콘텐츠에 독자들이 반응하기 시작
했습니다. 매거진 〈B〉 에디터들에게 가장 많이 주문하는 것
이 개인 색을 최대한 배제하고 '눈높이'를 맞추는 기사를 만들
라는 것입니다. 핵심적인 정보와 가치를 효율적으로 전달하
고 독자들이 해석할 수 있는 여지를 남겨두는 것이 훨씬 매거
진 〈B〉 다운 접근법이라고 생각하기 때문입니다.

어떤 개인적인 식견 대신 '현상을 발견하라'는 이야기를
강조하고 있습니다. 단순히 브랜드와 소비자, 브랜드의 제품
만을 보지 말고 이 모든 것을 둘러싼 많은 현상에 주목하라
는 것입니다. 브랜드를 만든 창립자의 시선, 브랜드가 탄생
했을 때부터 오랜 기간 좋아한 마니아가 바라보는 시선뿐 아
니라 이 브랜드를 전혀 모르는 사람이 처음 이 브랜드를 접
했을 때 느끼는 감정까지, 다양한 관점에서 브랜드를 바라보
라는 이야기를 자주 합니다. 이렇게 다양한 관점으로 '하나
의 현상을 바라보는 것'이 굉장히 중요합니다. 창립자 시선
에서 브랜드를 보면 광고가 되고, 마니아 시선에서 브랜드

를 본다면 소수 마니아를 위한 책이 될 거예요. 이 브랜드를 처음 본 사람들은 하나도 알아듣지 못하고 그냥 잡지를 덮게 되는 거죠.

이렇게 눈높이를 맞추다 보니 브랜드 마니아분들은 종종 '내용이 없다'며 부정적인 피드백을 주시기도 하는데요. 매거진 〈B〉는 브랜드가 공부해야 할 대상이 아니라 탐구 대상이고, 어떤 현상으로서 바라볼 수 있는 대상이라고 생각하기 때문에 의도적으로 잡지에 담아내는 내용을 조절하고 있습니다. 에디터들의 '개인기'를 내세워 브랜드를 다루는 것이 아니라 어떤 주제를 던지고 그에 대해 생각할 수 있는 여지를 주는 잡지가 되는 것이 매거진 〈B〉의 목표이고, 그것이 긴 생명력을 가져갈 수 있는 열쇠가 될 수 있다고 생각합니다.

매거진 〈B〉가 브랜드 다큐멘터리 매거진인 이유

저희는 브랜드 다큐멘터리 매거진으로 매거진 〈B〉를 소개하는 경우가 많은데요. 브랜드 매거진이면 좀 쉬울 텐데, 브랜드 다큐멘터리 매거진이란 과연 무엇일까요. 여기에 대한 답을 얻기 위해 스스로 많은 질문을 던져보았습니다. 그 과정에서 몇 가지 키워드를 얻게 됐습니다. 첫째, 다큐멘터리란 '질문을 던지고 그 해답을 찾아가는 여정'입니다. 요즘 넷플릭스에도 좋은 다큐멘터리가 많다 보니 다큐멘터리를 접할 기회가 많아지셨을 것 같은데요. 좋은 다큐멘터리의 가장 큰 특징은 '틀에 박힌 정답'을 제시하지 않는 것입니다. 물론 다큐멘터리 성격에 따라 다르지만 해답을 제시하기보다 해답을 찾으려는 노력의 과정을 담은 게 다큐멘터리라고 생각해요. 매거진 〈B〉도 브랜드에 대해 어떤 결론을 내리기보다 매거진 〈B〉가 결론을 찾아가는 과정을 독자분들께 보여드리고자 노력하고 있습니다.

두 번째는 '대상을 밀접하게 다루면서 주위 세계를 함께 바라본다'는 것입니다. 즉 브랜드를 선정해서 취재할 때 그 '브랜드에 너무 매몰되지 않는다'는 이야기입니다. 다큐멘터리를 보면 취재 과정에서 생겨나는 '의외성'들이 잘 담기잖아요. 삶이 재미있는 이유도 어떻게 보면 의외성 때문인 것 같아요. 계획했던 것과 다른 사건·사고를 만나면서 일상이 더욱 풍부해지고 재미있어지죠. 브랜드 이슈도 마찬가지로 취재 도중에 예상치 못한 일들이 많이 발생하게 됩니다. 브랜드와 관련된 외부 사람을 우연히 만나거나 완전히 다른 분야의 사람으로부터 새로운 관점의 이야기를 듣게 되는 일들이 있어요. 그때 매거진 〈B〉는 그 부분들을 다 흡수하려고 합니다.

　명확한 포맷을 만들었더라도 다른 쪽으로 가는 것을 주저하지 않고 의외의 방향으로 계속 가보려고 노력하는 것. 즉 주변 세계를 조금 더 바라보면서 브랜드뿐 아니라 브랜드를 둘러싼 세계까지 그 영역을 확장하는 것이 중요하다고 생각합니다. 이 맥락에서 일본의 잡지 〈브루투스(Brutus)〉 편집장이 했던 말이 굉장히 인상 깊었습니다. '시야는 넓게 가지되 관점은 좁고 명확하게 가져라'라는 말이었습니다.

　매거진 〈B〉도 이 과정을 지속해왔다고 생각합니다. 내가 목표하는 어떤 결론이 있더라도 그 결론을 향한 시야는 계속 넓히려고 노력하고 있습니다. 이런 관점은 〈모노클(Monocle)〉의 편집장 타일러 브릴레(Tyler Brule)의 말에서도 나타납니다. 그는 '어디를 가든 어떻게 이동하든 이동할 때 휴대폰을 보지 말고 주변을 관찰하며 끊임없이 관심을 가져야 한다. 그것이 미디어를 만드는 사람에게 가장 중요하다'라고 말한 바 있습니다. 실제로, 매거진 〈B〉를 만들 때도 최대한 브랜드 주변으로 눈을 돌릴 때 결과물이 훨씬 좋았던 것 같아요.

　세 번째는 '다양한 해석 가운데 한 가지 해석을 가정해

B 나름의 관점으로 제시한다'는 것입니다. 정답을 내진 않지만 일관된 관점을 제시한다는 거죠. 좋은 브랜드를 만든 여러 요인에 대해 다양한 해석이 있을 수 있지만 매거진 〈B〉는 최대한 한 가지 해석으로 정리를 해서 B다운 관점을 보여주는 것이 중요하다고 생각합니다.

매거진 〈B〉의 내러티브에는 특별한 것이 있다

내러티브는 매거진 〈B〉의 가장 중요한 과제 중 하나입니다. 매거진 〈B〉는 브랜드 다큐멘터리 매거진이고 광고가 없어요. 광고가 없기 때문에 누구의 입김에도 좌우되지 않고 매거진 〈B〉의 이야기를 흘려보낼 수 있습니다. 바로 그 이야기의 흐름을 유지할 수 있는 게 매거진 〈B〉의 큰 장점입니다. 기성 잡지에서 일해봤지만, 기성 잡지의 편집장에게 가장 중요한 능력 중 하나는 콘텐츠가 방해받지 않도록 광고를 배치하는 능력입니다. 매거진 〈B〉는 광고가 없는 덕분에 독자들에게 내러티브를 오롯이 전달할 수 있습니다. 매거진 〈B〉의 디지털 버전이 없는 가장 큰 이유 중 하나도 내러티브를 잘 전달하기 위해서입니다. 내러티브를 전달할 때, 촉각만큼 중요한 감각은 없는 것 같아요. 내 손으로 종이를 넘기면서 내가 원하는 시점에 멈추고, 다시 책에 손을 갖다 대면서 종이를 넘기는 흐름이 머리까지 전달되는 회로 자체가 온라인과 오프라인의 큰 차이라고 생각합니다.

이 내러티브를 매거진 〈B〉는 어떻게 녹여냈을까요? 사실 어떤 흥미로운 현상을 발견하면 호기심이 생깁니다. 호기심을 갖게 되면 대상에 대해 더 알고 싶어지는 게 순서입니다. 더 알고 싶어서 탐구하고, 나름의 해석과 비평을 하게 됩니다. 어떤 브랜드를 대입해도 마찬가지입니다. 처음부터 해당 브랜드와 사랑에 빠지는 경우는 없고, 시장에서 브랜드를 발견한 뒤 호기심을 가지며 계속 알아보다 보니 '나'와 맞다고 느끼게 됩니다. 객관적 대상에서 주관적 대상으로 넘어오게 되는 것입니다. 주관적 대상이 되면서 사랑이 깊어지고 주변과 일정 부분 단절된 느낌을 받게 된다고 생각합니다.

매거진 〈B〉는 브랜드 다큐멘터리 매거진을 만들 때 이런 식의 접근을 하고 있습니다. 어떤 브랜드에 몰입하고 사랑에 빠지는 순간을 표현하다 보면 결국 주관적인 대상이 사유할 수 있는 대상, 나아가 삶의 태도까지 영향을 주는 대상이 되는 것이죠. 요즘 매거진 〈B〉 독자분들은 단순히 브랜드를 소비하고 공부하는 게 아니라 브랜드를 통해서 삶의 방식과 가치관을 배우고 있어서 콘텐츠의 소비 수준이 매우 높다는 걸 느낍니다. 결과적으로 매거진 〈B〉도 브랜드가 어떤 사유의 대상이 되기를 바라는 마음에서 잡지를 만들고 있습니다. 매거진 〈B〉를 보시면 브랜드와 이슈에 따라 조금씩 다르게 변주되고 있긴 하지만 방금 말씀드린 기본적인 골격으로 내러티브가 전개되고 있다는 걸 아실 수 있습니다.

매거진 〈B〉가 브랜드를 선정하는 기준

매거진 〈B〉가 브랜드를 선정하는 기준을 'B 스탠더드'라고 부릅니다. 많은 분이 매거진 〈B〉의 브랜드는 어떤 기준으로 선정하느냐는 질문을 많이 하시거든요. 매거진 〈B〉 맨 마지막 장을 펼치면 삼각뿔 그림이 하나 있습니다. 아름다움, 실용성, 가격. 이렇게 밑면을 이루는 이 세 개의 꼭짓점이 만나서 하나의 철학을 이루는 형상을 확인하실 수 있는데요. 여기에 있는 요소들이 꼭 브랜드 선정 기준이 되는 것은 아닙니다. 궁극적으로 브랜드를 선정하는 하나의 기준이 되는 키워드는 '균형'입니다. 아름다움이 떨어지더라도 실용성과 가격이 그 부분을 보완할 수도 있고, 가격이 높은 편이지만 아름다움과 실용성이 그걸 상쇄할 만큼 훌륭할 수도 있습니다. 그 균형점을 찾는 방식은 브랜드마다 각기 다릅니다. 균형점을 찾는 데 걸리는 시간도 제각기 다르고요. 매거진 〈B〉는 수많은 브랜드가 이 '균형'을 찾아가기 위한 과정, 노력들을 독자들에게 전달해드리고 있습니다. 그렇다면 B 스탠더드는 실제 어떤 요소로 구성되어 있다고 할 수 있을까요.

균형(Well-Balanced)

브랜드에서 '균형'이라는 건 다양하게 정의될 수 있습니다. 예시를 통해 재미있는 균형을 지닌 브랜드를 소개하고자 합니다. 화물 트럭의 방수포를 재활용해 만든 가방 브랜드 프라이탁(Freitag)과 온라인 쇼핑몰 미스터 포터(MR PORTER)는 비즈니스적 포지션과 브랜드적 포지션이 균형을 이루는 브랜드입니다. 프라이탁의 경우 '재활용' '친환경' 방식으로 가방과 지갑 등의 액세서리를 만드는 것이 비즈니스 포지션입니다. 사실 비즈니스적 포지션만으로도 소비자에게 어필할 수 있지만 프라이탁은 '패션적' 태도로 브랜드적 포지셔닝을 하고 있습니다. 재활용 소재의 태생적 한계로 인해 같은 패턴의 소재를 안정적으로 수급하기가 어렵고, 결과적으로 각기 다른 패턴의 가방을 만들 수밖에 없는데 이 부분을

프라이탁은 브랜딩을 통해 나에게 꼭 맞춘 가방, 내게 하나 밖에 없는 가방처럼 느끼게 합니다. 미스터 포터도 온라인 쇼핑몰이라는 뚜렷한 비즈니스적 포지션이 있지만 하나의 매거진처럼 읽을거리를 구성해 일종의 뉴미디어로 브랜드 포지셔닝하고 있습니다. 사회적 지위가 높은 남성들이 모이는 클럽하우스의 회원인 것처럼 소속감을 형성하는 콘텐츠 제작 방식과 쇼핑과 관련된 여러 정보를 통해 브랜딩하고 있습니다.

룰 브레이커(Rule Breaker)

매거진 〈B〉에서 최근 많이 소개하고 있는 브랜드 특성은 바로 '룰 브레이커'입니다. 기존 시장을 선점한 브랜드에 대항하기 위해 탄생한 브랜드라고도 할 수 있습니다. 에이스 호텔은 우리가 늘 접하게 되는 하얏트(Hyatt)나 힐튼(Hilton) 호텔 같은 브랜드 호텔 체인 개념에 대항해 라이프스타일 호텔이라는 콘셉트를 제안했습니다. 매거진 〈B〉는 이렇게 기존 시장에 대항하는 브랜드 소개에 큰 의미를 두고 있습니다. 이런 브랜드를 대표적으로 'B 브랜드'라고 부르기도 하고, 다양한 비즈니스군에서 이런 브랜드를 찾으려고 노력하기도 합니다. 브랜드 후보군을 리스트업할 때 '화장품 업계의 에이스 호텔 같은 브랜드가 없을까?'라는 질문을 하기도 하고 '자동차 업계에 인텔리젠시아 같은 브랜드는 없나?'라는 질문을 하는 등 매거진 〈B〉는 룰 브레이커들을 찾는 데 사명감을 느끼고 있습니다.

프리미엄 콘셉트(Premium Concept)

사실 프리미엄은 럭셔리와 퍼블릭의 중간 지점에 있다고 해석할 수 있습니다. 매거진 〈B〉에서 자동차 아우디(Audi) 브랜드를 다루면서 처음으로 소개한 개념입니다. 아우디 이후로 매거진 〈B〉에 프리미엄이란 단어가 많이 등장하게 됐습니다. 이 단어를 간단히 설명해 드리면 '최고가 아니라 최적의 상태를 추구하는 것'이라고 할 수 있습니다. 발뮤다를 취재하면서 조금 더 본격적으로 프리미엄에 대한 정의를 내리게 됐는데 발뮤다는 제품을 설명할 때 토스터의 기능이나 사양보다는 토스터에 구운 빵의 입안 감촉을 이야기하는 데 집중합니다. 선풍기를 홍보할 때도 기능보다는 바람이 주는 감촉이나 느낌 등을 설명하는 데 주력하고 있습니다. 발뮤다의 창립자 테라오 겐은 다수의 기능을 모두 갖추기보다 1개의 기능이 고객에게 꼭 필요한 기능이 되도록 하는 것이 발뮤다의 목적이라고 말하기도 했습니다.

럭셔리라는 개념은 과거 유럽의 귀족들이 향유하던 것에서부터 시작했는데, 그들에게는 경제적인 여유는 물론 시간적인 여유가 모두 있었습니다. 사치품을 즐기기 위해선 돈만 있어서는 안 되고 그것을 즐길 시간적 여유도 필요합니다. 하지만 현대 도시인에게 걸맞은 사치를 생각해보면 경제적 여유는 있지만 이를 즐길 시간적 여유가 부족합니다. 도시에서의 럭셔리는 무엇인가에 대한 질문에 프리미엄 브랜드들이 해답을 찾아가고 있다고 생각합니다. 부족한 시간에 나에게 꼭 필요한 기능을 최적의 상태에서 쓸 수 있게 하는 것이 프리미엄 브랜드에 주어진 가장 큰 과제입니다.

살아남는 브랜드가 되기 위하여

강한 브랜드가 살아남는 것이 아니라 살아남는 브랜드가 강한 것이다. 여전히 우리는 '자기다움'을 찾아 살아남아야 한다.

요즘 브랜드는 무엇이 달랐나?

《오늘의 브랜드 내일의 브랜딩》을 통해 Be my B가 소개한 '오늘의 브랜드'는 모두 변화하는 시대에 발맞춰 다양한 시도를 하고 있었다. 새로운 고객 창출에 고심했고, 모두 자신만의 방식으로 매력적인 브랜드 스토리를 쌓았다. 그 스토리를 기반으로 불필요한 것은 제거하고 꼭 필요한 본질만을 추구했다. 오래된 브랜드들은 시대의 변화를 포착하며 발빠르게 자신의 페르소나와 전략을 수정했고, 새로 생겨난 브랜드들은 실시간 데이터와 고객 피드백을 중심으로 다양한 브랜딩 전략을 실행했다. 또 기존에는 기업 진략보다 우선순위가 떨어졌던 '취향'에 대한 고려를 브랜딩의 메이저 무대로 끌어올렸다. 결국 이들은 취향을 담은 매력적인 브랜드 스토리를 기반으로 작고 빠르게 실행 가능한 브랜딩을 취했다. 이것이 고객의 사랑으로 이어졌다. 자연스럽게 '린 브랜드'의 개념과 연결되었다.

열 가지 브랜드 이야기가 남긴 것

이 책에서 소개한 10개 브랜드는 Be my B와 폴인이 함께 만든 스토리북 〈브랜드 위클리〉와 〈오늘의 브랜드 내일의 브랜딩〉에서 깊이 있게 분석한 23개 브랜드 중 추려낸 것이다. 요즘 주목받는 브랜드들을 선정하기도 했지만, 각각의 상황과 업종이 다른 브랜드들의 다양한 스토리를 들려주고 싶었다. 스타트업 브랜드는 물론 개인 브랜드에서부터 대기업 브랜드까지 골고루 담으려고 노력했다. 더 많은 브랜드 스토리는 지식 콘텐츠 플랫폼 폴인(www.folin.co)에서 확인할 수 있다.

Be my B가 만난 열 가지 브랜드를 통해 퍼스널 브랜드, 공간 브랜드, 장수 브랜드, Z세대 브랜드 등 요즘 브랜딩 업계에서 주목받고 있는 이슈들을 다뤄보려고 노력했다. 각각의 브랜드가 실행했던 가장 최신의 브랜딩 기법을 함께 살펴

봄으로써 사람들이 왜 이 브랜드들에 열광하는지에 관한 실마리를 얻었으리라 생각한다.

결국 경쟁이 아닌 '자기다움'에 대한 꾸준한 모색

《오늘의 브랜드 내일의 브랜딩》이 선정한 10개 브랜드와의 만남은 우리에게 무엇을 남겼을까. 요즘 주목받고 있는 브랜드들 모두 치열한 시장에서 자신의 브랜드가 왜 존재해야 하는지를 끊임없이 증명하고 있다는 점은 같았다. 고객의 눈높이에 맞는 제품과 서비스를 제공하기 위해 끊임없이 변화하고 개선했다. 존재 이유를 명확히 하고 매력적인 스토리와 기억에 남는 상징을 가다듬었다. 하지만 각각의 브랜드 간의 차별점도 분명히 존재했다. 물론 업계의 특성, 경쟁 관계, 지향점이나 역사에 따라 각자의 솔루션은 달랐다.

전 연령층을 타깃으로 하는 브랜드도 있었고, 아주 작은 규모의 시장에서 시작하는 브랜드도 있었다. 고객의 취향과 니즈에 초점을 맞춘 브랜드도 있었고, 자신만의 취향을 우선적으로 제시하는 브랜드도 있었다. 각 브랜드들은 자신이 처한 상황을 명확하게 파악하고 그에 맞는 솔루션을 영민하게 찾아갔던 것이다. 그럼에도, 시대가 변하고 또 사랑받는 브랜드의 브랜딩 방식이 변한다 해도 변하지 않는 것이 있다는 것 또한 확인했다. 바로 브랜딩은 '자기다움'에 관한 것이란 점이다.

브랜딩은 누구와 경쟁하는 것이 아니다. 남과 다른 '자기다움'을 발견하고, 그것을 하루하루 지겨울 정도로 꾸준히 키워가는 과정이 바로 브랜딩이다. 《오늘의 브랜드 내일의 브랜딩》의 브랜드들도 그런 과정을 밟고 있었다. 또한 작고 빠르게, 변화에 유연하게 대처하며 고객과 소통하더라도, 브랜딩 자체는 결국 꾸준히 시간을 들여야 하는 작업이라는 사실도 변하지 않는다. '자기다움'을 쌓는 데는 시간과 노력이 필요하다. 좋은 브랜드가 존경받는 이유는 혁신적인 서비스나 매력적인 디자인 때문이 아닌 경우가 많다. 부족한 부분도 있고 아쉬운 부분도 있지만 오랜 시간을 버티는 꾸준함 그 자체가 여전히 브랜딩의 핵심이다. 강한 브랜드가 살아남는 것이 아니라 살아남는 브랜드가 강한 것이다.

아마존 CEO 제프 베조스는 이렇게 말한 적이 있다.

"사람들은 내게 5년 후, 혹은 10년 후 무엇이 변할 것인지를 묻지만 무엇이 변하지 않을지는 묻지 않는다. 세상이 어떻게 변하더라도 고객이 원하는 가치를 제공한다면 고객은 절대 외면하지 않는다."

새로운 브랜딩의 시대가 도래했지만, 결국 브랜딩의 핵심은 '자기다움'이라는 변하지 않는 가치다. 다만 그것을 실현하는 방식이 변했을 뿐이다. 여전히 우리는 '자기다움'을 찾아 살아남아야 한다.

우승우·차상우

더.워터멜론 & Be my B 공동 대표

부록

●
●

커뮤니티 Be my B, 브랜드 Be my B

더.워터멜론 공동 대표 우승우 · 차상우 인터뷰
글: 노희선 폴인 에디터

야구와 맥주, 책을 좋아하는 두 남자가 어느 날 같은 호텔의 같은 방에 묵게 됐다. 두 사람이 속한 세계 최대의 브랜드 컨설팅 회사인 인터브랜드의 해외 워크숍 날이었다. 한 남자는 삼성 라이온즈의 팬, 다른 한 남자는 LG트윈스의 팬이었다. 이날은 LG트윈스 팬인 남자가 인터브랜드에 처음 출근하는 날이기도 했다. 그들의 관심은 여느 야구팬들과 달리 조금 특별한 구석이 있었다. 그들은 구단의 성과보다 야구단의 브랜드 로고 디자인 변경이 구단의 인지도와 선호도에 어떤 영향을 미쳤는지, 즉 '브랜드'에 더 관심이 있었다.

210

맥주나 책에 대한 이야기도 결국은 브랜드로 이어졌다. 그들은 자신들의 대화를 관통하는 하나의 알파벳이 있다는 것을 알아차렸다. 브랜드(Brand)와 야구(Baseball)·맥주(Beer)·책(Book)이 모두 알파벳 B로 시작된다는 것이다. 이들은 알파벳 B가 자신들의 삶에 큰 영향을 미친다는 사실을 깨닫고, 사람들을 모아 B로 시작하는 것들에 대한 다양한 이야기를 나누기로 머리를 맞댔다.

이제는 평균 4대 1의 경쟁을 뚫어야 참가할 수 있는 인기 커뮤니티 〈브랜드 소셜 살롱〉 Be my B(이하 비마이비)'는 이렇게 시작됐다. 2017년 3월 시작된 이 커뮤니티는 이번 달 다섯 번째 시즌을 시작했다. 한 시즌은 3개월로 보통 10차례의 모임이 진행된다. 지금까지 모두 48차례 모임이 열렸다. 지난주 기준 3560여 명이 커뮤니티에 가입했고, 그중 1200명 이상이 모임에 다녀갔다.

같은 호텔 방에서부터 인연이 시작됐던 두 남자는 현재 공동 창업한 브랜드 컨설팅 회사 더.워터멜론의 공동 대표다. 삼성 라이온즈의 팬이 우승우, LG트윈스의 팬이 차상우 대표다. 비마이비의 확장세를 생각하면 이들의 본업이 따로 있다는 사실이 놀라울 따름이다. 지난 1일 시작한 이번 시즌의 두 번째 모임이 열리던 지난 8일, 두 대표를 만나 재미로 시작한 이 '딴짓'을 지금까지 지속해올 수 있었던 힘에 대해 들었다. 다음은 일문일답.

Q. 비마이비란 모임 이름이 독특해요.

차상우 브랜드를 기반으로 한, 다양한 B를 좋아하는 사람들의 오프라인 커뮤니티라고 할 수 있어요. B라는 알파벳은 '좋아하는 것'을 상징하는 기호라고 할 수 있어요. '우리의 본업은 브랜드를 키우는 사람이니 브랜드를 기반으로 좋아하는 것들에 대한 이야기를 나눠보자' 해서 가볍게 모임을 시작했죠.

Q. 지금까지 모임을 48번이나 진행했는데, 알파벳 B로 시작하는 게 그렇게나 많나요?

우승우 생각보다 많아요. 그렇지 않은 것들은 형용사를 응용하기도 하죠. 지난 시즌에 물나무사진관과 함께했던 기획에서는 'B컷'이라는 콘셉트를 뽑았고요, 영화에 대한 것을 할 때는 비러브드 무비(Beloved movie)라는 식으로 활용할 수도 있고요. 뭐든지 붙일 수 있어요.

비마이비의 로고 뒤에는 세미콜론(;)이 붙어 있다. 여러 가지로 확장될 수 있다는 의미다. 그래서 이들은 모임마다 비마이베이스볼(Be my B;aseball), 비마이베이커리(Be my B;akery), 비마이비러브드무비(Be my B;eloved movie)와 같이 B로 시작하는 이름을 붙이고 그 주제와 관련한 브랜드의 창업가나 대표자를 초청해 이야기를 나눈다. 자신만의 전문성과 콘텐츠를 가진 멤버들이 자신만의 세션을 직접 운영하기도 한다.

Q. 두 분은 왜 브랜드에 관심을 갖게 되셨나요?

우승우 거꾸로 '브랜드가 없으면 살 수 있을까?'라고 스스로 질문한다면, 그럴 수 없을 것 같아요. 삶과 밀접하니까요. 어떤 브랜드가 어떤 스토리를 내세우고, 사람들이 그에 공감하는 과정이 재밌어요. 야구만 해도 응원하는 구단이 다르다고 싸우기도 하잖아요. 단지 좋아하는 브랜드가 다를 뿐이고, 어쩌면 나 자신과 상관도 없는 것인데도요. (웃음) 그만큼 브랜드는 일상과 굉장히 밀접한 연관이 있어요.

차상우 미국에서 전략 기획 업무를 하면서 인수·합병을 검토하는데, 그때 어떤 브랜드가 가진 가치인 '무형 자산'을 가치 있게 평가한다는 걸 알게 됐어요. 이후 브랜드팀으로 옮겨 신규 브랜드를 론칭하면서 브랜드의 진짜 힘을 알게 됐죠.

Q. 그런데 브랜드가 뭔가요?

우승우 브랜드란 '자기다움'에 대한 것이라고 생각해요. 자기다움을 발견하고 차별화할 때 그 브랜드가 빛이 나죠. 저희가 '브랜드적 삶'이라는 말을 쓰는데요, 그건 곧 자기만의 관점, 자기만의 시선, 자기만의 콘텐츠를 가지고 하루하루를 살아가는 삶을 의미해요.

차상우 마트에서 어떤 사람의 카트 속에 담긴 물건만 봐도 그 사람이 어떤 사람인지 알 수 있어요. 내가 하는 소소한 행동이 나를 만들죠. 그게 브랜드라고 생각해요. 제품이든 사람이든 회사든, 다른 사람과 만나는 접점에서 생기는 인식이 쌓여서 만들어지는 게 브랜드예요.

Q. 브랜드 하면 사실 말씀하신 것과는 다르게 좀 멋지고 화려한 것들을 떠올리게 돼요.

차상우 브랜드란 게 화려하고, 핵심은 없고, 뭔가 포장한 것, 감추는 것이라고 생각하시는 분들이 많아요. 하지만 좋은 브랜드는 사실 본질을 잘 드러내는 것들이에요. 자신의 관점, 사고방식을 진정성 있게 드러낼 때 사람이든 기업이든 그게 브랜드가 되죠. 우 대표가 '브랜드적인 삶'을 언급했듯이, 굉장히 일상과 밀접한 관계가 있어요. 저는 특히 밖으로 보이는 삶과 실제 삶이 일치하는 게 브랜드적인 삶이라고 생각해요. 어떤 사람은 베이컨에 몇만 원을 쓰고 싶어 할 수도 있고, 그렇지 않을 수도 있죠. 다 자기 관점과 사고방식에 따라 다른 거예요. 맞고 틀린 건 없어요. 단지 일상 속에서 자기만의 관점으로 자기 삶의 방식을 찾는 것이죠.

우승우 비마이비의 특징 중 하나가 참가자들이 자기소개를 하는 시간이 길다는 점이에요. 사람도 일종의 하나의 브랜드예요. 그래서 저희가 던지는 주제에 대해 참가자들이 그날 초청된 리더와 동등한 위치에서 자신이 어떤 관점을 가졌는지를 나누는 게 저희에게는 중요해요. 하나의 브랜드처럼 한 사람에게도 그 사람만의 매력이 있고, 비마이비에서는 그걸 나누게 하고 싶어요.

이들은 해당 세션에 연사로 초청된 리더나 참가자 모두 동등한 위치에서 자유로이 생각을 나눌 수 있도록 하기 위해 모임 참가 인원을 20~30명 정도로 제한한다. 매주 모임 참가 희망자에게 신청서를 받아, 주제와 잘 어울리는 사람들을 선정해 초대한다. 모임 내에서 서로의 생각과 관점이 중요하게 여겨지다 보니, 참가자들 모두 자기소개만으로도 큰 만족감을 느낀다는 게 두 대표의 설명이다. 이는 참가자와 운영진과 초청된 리더 사이에 경계를 허무는 역할을 해, 모든 사람이 스스로 커뮤니티의 주인이라고 느낄 수 있게 하는 역할을 한다. 참가자였던 사람이 강연자로 서기도 하고, 운영진이 되기도 한다.

Q. 운영진분들도 대표님들처럼 모두 본업이 따로 있는 거로 알고 있어요. 딴짓으로 하기에 손이 많이 가는 일인 것 같은데 그런데도 다들 이 커뮤니티에 애정이 많으신 것 같아요.

차상우 저희가 브랜드 업계에서 쌓아온 경험으로 운영진에게 도움을 많이 주려고 노력하고 있어요. 특히 1~3년 차의 주니어 중에 역량은 좋은데 회사에서 작은 일만 하다 보니 자신의 기획을 해보고 싶은 욕구를 채우지 못하는 친구들이 있어요. 그런 친구들이 처음부터 끝까지 기획해볼 수 있게 하고, 책임을 지거나 도움을 줘야 하는 부분은 저희가 챙기는 식으로 운영하는데, 그게 동기부여가 되는 것 같아요. 그들 자신도 일하는 데 필요한 네트워크를 얻을 수 있고요.

또 사람들이 '우리'라는 단어에 목말라 하는 것 같아요. 예전에는 회사가 그 역할을 했는데, 이제는 그게 점점 사라지죠. 그래서 더 끈끈한 '우리'를 비마이비에서 경험하는 것 같아요. 그러다 보니 운영진들은 자기들끼리도 새로운 걸 기획해 다른 활동들을 하기도 해요.

Q. 주니어들을 브랜드 전문가로 인큐베이팅하는 역할을 한다고 볼 수도 있겠네요.

우승우 사실 저희도 시간상으로 어렵기는 해요. 저희가 공동 대표로 있는 더.워터멜론도 스타트업이니까요. 하지만 저희가 지향하는 건 '브랜드 씽킹 플랫폼(Brand Thinking Platform)'이에요. 브랜드와 관련해 의미 있고 재미있는 일, 사회적 어젠다를 던지고 고민하는 커뮤니티가 되고 싶어요. 그러기 위해 함께 하는 모든 분께 가치를 드리고 싶고요. 이게 결국 저희 사업인 더.워터멜론과도 연결이 돼요. 비마이비가 커지면서 더.워터멜론의 지원군이 되기도 했어요.

　비마이비는 지난 시즌부터 자발적으로 살롱을 운영할 운영진을 모집하는데, 그 경쟁률만도 5대 1에 달한다. 스타트업 마케터, PR 컨설턴트, 제품 기획자 등 다양한 직업을 가진 6~8명이 함께 기획 아이디어를 내고 커뮤니티를 운영한다.

　이번 '19 겨울·봄 시즌의 주제는 '린 브랜드(Lean Brand)'다. '린 브랜드'란 아이디어를 테스트하기 위해 시제품을 빠르게 만들고 시장 반응을 반영해 다시 더 나은 제품을 만드는 방식의 '린 스타트업(Lean Startup)' 개념에서 착안한 말이다. 브랜드 또한 작게 시작해 다양한 실험을 하며 성장해온 '린 브랜드'가 존재한다는 게 두 대표의 설명이다. 우 대표는 말한다.

　"비마이비의 성장 과정도 린 브랜딩의 과정이에요. 둘이 이야기하다가 작게 시작한 게 지금은 3500명이 모이는 커뮤니티가 됐죠. 작게 시작해 빠르게 피드백을 받고 새로운 전략을 세우는 식이죠. 그런데 많은 브랜드가 자신이 린 브랜드 전략을 취했는지는 알지 못해요. 린 브랜드라는 틀에서 여러 작은 브랜드들의 노력을 살펴보고 싶어요."

이번 시즌 모임은 이미 두 차례 진행됐다. '핑크퐁' 브랜드로 전 세계 키즈 콘텐츠 시장을 흔들고 있는 스마트스터디와 분식 업계에서 마케팅 실험을 적극적으로 펼치고 있는 '죠스 푸드'가 초대됐다. 비마이비는 각각 핑크퐁의 대표 콘텐츠인 '베이비 샤크(baby shark)'와 죠스푸드의 핵심상품인 '분식'을 주제로 내세워 역시 알파벳 B와 엮었다. 앞으로 볼드(bold)체와 백패킹(backpacking) 등 다양한 주제의 모임이 준비되어 있으며 한글 서체 브랜드 산돌 등의 브랜드가 초대될 예정이다.

정규 시즌에서 열리는 모임 외에 진행되는 린 브랜드 관련 행사도 다양하다. 베이컨 제품에 개성 있는 디자인을 입혀 주목을 받은 '사실주의 베이컨', 1940년대부터 빵을 만들어온 '태극당' 등 작지만 강한 브랜드에 대한 모임도 진행된다.

두 대표에게 이 살롱을 운영하는 일은 본업이 아닌 '딴짓'이다. 하지만 이들의 딴짓은 '자기다움'을 찾아 나선 많은 이들에게 큰 의미를 주고 있다. 이것이 지난해 봄, 스무 명으로 시작한 작은 모임이, 1년 사이 4대 1의 경쟁을 뚫고서라

도 참석하고 싶은 모임이자 3500여 명 열성 멤버의 놀이터
가 될 수 있었던 비결이다.

* 출처: '브랜드' 주제로 3000명 모은 두 남자…"자기다움을 찾으면 그게 브랜드",
중앙일보, 2018.12.21

Be my B (2019년 10월 1일 기준)

· 멤버수 : 4,500여 명(페이스북 그룹 기준)
· 참가자수 : 1,800여 명
· 모임수 : 120여 회
· 운영방식 : 4개월 멤버십으로 진행되는 정규 시즌과 매주 진행되는 오픈 세션
   등으로 구성
· 방향성 : '브랜드 소셜 살롱'에서 '브랜드 씽킹 플랫폼'으로 진화
※ 자세한 세부 사항은 Be my B 홈페이지(www.bemyb.kr) 참고

내가 경험한 Be my B

브랜드 세터가 말하는 Be my B

🍃 처음 제주맥주를 론칭하고 두 달이 지났을 즈음, Be my B를 처음 만났다. 그날 내가 남긴 메모는 '브랜딩=진실함, 브랜드 마케터=진실한 사람들'. 마케터들의 욕심이 앞설 때 브랜드가 진실하지 못한 순간이 생기는데, 이럴 때마다 그날의 Be my B가 옆에서 속닥거린다. 그러면 안 된다고. 그렇게 배운 것들을 제주맥주가 잘 쓰고 있고, 다행히 무럭무럭 성장하고 있는걸 보면, Be my B는 옳았다.

권진주_제주맥주 마케팅 실장

🍃 사업가로서 가장 세련된 브랜딩 방식은 커뮤니티를 구축하는 것이라고 생각한다. 또 그 커뮤니티가 해당 기업이 소속된 분야에 대한 콘텐츠에 기반을 두고 있어야만 실효성과 지속가능성이 커진다고 믿는다. 그런 면에서 Be my B는

221

롤모델 같은 선배다. 사업에 성공하려면 시장 흐름에 '반 발짝' 앞서야 한다고들 한다. Be my B는 한 발짝 앞선 시각과 감각을 유지할 수 있도록 영감과 정보를 제공해주는 파트너다. Be my B의 시의적절한 기획들은 신선하되 한 발짝 정도 앞서는 거리감을 유지함으로써 사업가들이 반 발짝 앞선 실행을 할 수 있도록 도와주는 곳이다.

김대우_Playce General Manager

💬 내게 있어서 Be my B가 특별한 이유는 Be my B를 좋아하는 이유와 같다. Be my B에는 닮고 싶은 사람들이 있고, 담고 싶은 이야기들이 있다. 조금은 느슨해 보이지만 '브랜드에 대한 이야기'에는 타이트하게 접근하고, 다양한 생각들이 있지만 브랜드에 대한 철학과 고집은 늘 일관된다. 늘 새롭고 유니크한 주제들에 접근하지만, 관통하는 주제로 하나가 되는 곳. 나로 하여금 세상을 바라보는 리듬을 잃지 않게 해주는 곳. 이것이 바로 Be my B가 나에게 특별하고 언제나 좋은 이유다.

김성호_CJ제일제당 브랜드매니저

💬 '타다' 브랜딩을 소개하면서 만나게 된 Be my B는 정말 놀라운 커뮤니티였다. 먼저 질문 퀄리티에 놀랐고, 답변을 하면서 그 반응과 열정에 다시 한번 놀랐다. '정말 배울 것이 많은, 어마어마한 고수들의 모임이구나'라는 걸 단번에 알 수 있었다. Be my B는 브랜드에 대해 치열하게 고민하고 '본질만 걸러내는 사람'이 모인 마술 같은 모임이었고, 나는 더욱더 이 모임에 빠져들게 되었다. 성장 에너지로 가득한 활기차고 따뜻한 처음 그 느낌 그대로 계속되기를 바란다!

김현미_블랭크 브랜드디자인 디렉터

💬 처음 'Baseball' 1회 때부터 갔었다. 분명, 느슨한 모임이라고 했는데 전혀 느슨하지 않았다. 세심하고 꼼꼼하게 사람들을 챙겨주는 모습을 보며 첫 모임 때부터 팬이 되었다. 커뮤니티 활동이 거의 처음이었던 내게 Be my B는 단순 친목 모임이 아닌 브랜드와 마케팅에 대한 이야기를 서로 나누고, 배우고 싶어 하는 사람들이 많이 모인 교류의 장이었다. Be my B가 진화하고, 성장하는 가운데 그 안의 사람들도 서로가 도움을 주면서 나 역시 많이 배우고, 성장할 수 있었다.

박진수_비어스픽 대표

💬　커뮤니티의 시작점에서 브랜드를 잘 안다는 것은 무엇이고, 브랜딩을 잘한다는 것은 무엇인가. 이런 고민을 하고 있던 시기에 '브랜드 좋아하는 사람들이 모여 브랜드에 관한 이야기를 느슨하게 시작할 수 있는 곳'에 함께할 기회를 얻었고 과분하게 Be my B의 첫 운영진으로 시작을 함께하게 되었다. 그 계기를 통해 평소에 만날 수 없는 분들과의 연결, 배움, 성장이 있었다. 이 책이 Be my B의 경험이 오롯이 전해지는 가슴 뛰는 브랜드 여정의 시작이 되길 바란다.

박찬빈_WeWork 커뮤니티 매니저

💬　2019년, 처음으로 Be my B를 알게 됐고, 강연했다. 이 '브랜드'라는 공통된 주제로 모인 분들이 주는 몰입도가 너무 인상적이었다. 다양한 분들이 '브랜드'라는 주제를 가지고, 심도 있게 생각하는 모습을 보고 많은 영감을 받았다. '브랜드'는 각자에게 어울리는 '브랜딩'이 있다고 생각한다. Be my B에서는 그 '브랜딩'의 사례들을 재미나게 공유하고, 생각할 수 있다. 태극당도 더 좋은 '브랜딩'을 해서, Be my B에 자주 언급되는 브랜드가 되고 싶다. 응원합니다!

신경철_태극당 전무

● 나는 'B'를 그다지 좋아하지 않았다. 최선이 아닌 옵션 같아서, 혹은 학부 때 학점 중 대부분이어서? 그러다가 우연히 Be my B를 알게 되고 나와 B 사이에 특별한 게 있다는 걸 깨닫게 되었다. 맥주, 책, 블루 노트, 비틀스, 보스턴… 내 이런 취향과 믿음을 다른 이들과 나눌 수 있는 공간과 시간. 이 안에서 우리는 브랜드(Brand)를 넘어 존재(Being)로 나아갈 수 있을 것 같다. 아마 'Shall we dance?'만큼 멋진 표현이 되지 않을까? Would you Be my B?

이승규_스마트스터디 Co- founder · EVP

● 우리의 브랜드적인 삶에 대해서 이야기하는 곳들은 많다. 하지만 Be my B야 말로 나의 기준에는 가장 Digital Transformation 시대에 맞는, 쌍방향적인 소통의 방식으로 브랜드적인 삶에 대한 화두를 던지고 있다. 누구도 일방향적으로 설교하지 않고, 함께 이야기 나누며, 그 안에서 인사이트를 각자 얻어가는 방식. 느슨하지만 탄탄한. 그리고 정이 넘치는 곳. 그곳이 바로 Be my B다. 지금의 Be my B도 좋지만, 앞으로의 Be my B가 더욱 기대되는 이유다.

이승윤_건국대 경영학과 교수

❥ 브랜드가 더 멋지게 발전하는 때는 창업가의 손을 떠나 구성원의 손에 쥐어지는 순간이라고 생각한다. '오늘' 자신의 브랜드를 이야기하는 창업가를 앞에 두고, 아직은 타인의 브랜드 안에서 일하거나 자신의 브랜드를 꿈꾸는 사람들이, 서로의 경험과 가치를 공유하고 토론하며 각자의 브랜드를 찾아가는, 그래서 브랜드가 단지 창업가의 전유물이 아니라 '내일'은 나의 것이 될 수 있음을 경험하는 곳이 바로 'Be my B'다. 이 유일한 'Brand Thinking Platform'을 통해, 더 많은 분이 자신의 브랜드를 발견하고 빛낼 수 있길 응원한다.

장현진_산돌 이사

❥ '당신이 좋아하는 브랜드는 무엇인가요?'라는 Be my B의 질문이 좋다. 누군가는 그 브랜드가 나와 똑 닮아서, 누군가는 그 철학에 공감해서, 누군가는 그저 아름다워서, 사람들은 애정이 깃든 눈빛으로 자신이 좋아하는 브랜드를, 이야기를, 그리고 각자의 삶을 나눈다. 하나의 브랜드가 어떻게 하나의 삶이 될 수 있는지, 좋아하는 것을 가진 삶이란 얼마나 아름다운지 Be my B에서는 느낄 수 있다.

채자영_필로스토리 공동 대표

♥ "빈대떡이 B로 시작하니까"라는, 우승우 대표님의 유쾌하면서도 단순한 아이디어 제안을 바탕으로 브랜드 살롱을 함께하게 되었다. 이전까지는 브랜딩이라는 단어가 너무 생소했다. 나이키, 아디다스 같은 글로벌 기업에만 중요하다고 생각했었다. 하지만 그 기회를 통해 '박가네 빈대떡'이 어떤 방향성을 가져야 하는지, 지금 내가 하는 일의 정의는 무엇인지, 그렇게 브랜드와 삶을 다시 고민하게 해준 것이 바로 Be my B다.

추상미_박가네 빈대떡 대표

오늘의 브랜드 내일의 브랜딩

브랜드 커뮤니티 Be my B가 제안하는 새로운 시대의 브랜딩

초판 1쇄 2019년 10월 21일
2쇄 2020년 2월 20일

엮은이 우승우·차상우

발행인 이상언
제작총괄 이정아
편집장 조한별
책임편집 최민경

표지 디자인 Design co*kkiri
조판 변바희, 김미연

발행처 중앙일보플러스(주)
주소 (04517) 서울시 중구 통일로 86 4층
등록 2008년 1월 25일 제2014-000178호
판매 1588-0950
제작 (02) 6416-3925
홈페이지 jbooks.joins.com
네이버 포스트 post.naver.com/joongangbooks

ⓒ폴인, 2019
ISBN 978-89-278-1053-7 03320